ICHIBAN YASASHII GOLF NYUMON by Keita Uemura
Copyright ⓒ 2010 by SHUFUNOTOMO CO., LTD.
All rights reserved.
Originally Japanese edition published in 2010 by SHUFUNOTOMO CO., LTD.
Korean translation rights arranged with SHUFUNOTOMO CO., LTD.
through Eric Yang Agency Co., Seoul.
Korean translation rights ⓒ 2011 by CYPRESS

이 책의 한국어판 저작권은 EYA를 통하여
저작권자와 독점 계약한 싸이프레스가 소유합니다.
신 저작권법에 의하여 한국 내에서 보호를 받는 저작물이므로
무단전재와 무단복제를 금합니다.

초보 골퍼를 위한 가장 쉬운 레슨서

처음 배우는 골프
GOLF BASIC LESSON

어려운 골프 이론, 복잡한 설명 없이 기본기를 확실하게 닦아줄 지침서!

우에무라 케이타 지음 | 김해천 감수 | 신정현 옮김

싸이프레스
Creative and joyful PRESS

Prologue

골프는 언제든지 시작할 수 있는 멋진 스포츠입니다.
골프는 남녀노소 할 것 없이 즐길 수 있는 스포츠입니다.

게다가 요즘은 평생 스포츠로 인식되기 시작하면서,
나도 한 번 시작해 볼까 하는 분들이 많아졌습니다.
하지만 어디서부터 시작하면 좋을지 막막하신 분,
그리고 이왕 할거면 제대로 빨리 배워서 마음껏 즐기고 싶으신 분 등
여러 분들이 계실 것으로 생각됩니다.
이런 분들을 위해 스윙의 기초부터 알기 쉽게 정리하게 되었습니다.

무턱대고 클럽을 쥐고 볼을 칠 것이 아니라
기본적인 동작을 먼저 잘 배워두면
정확한 이미지를 몸으로 익힐 수 있습니다.
그리고 굿 샷의 감각도 빨리 느끼실 수 있게 됩니다.
특히 스윙의 기초를 잘 다져두면
드라이버에서 숏 아이언까지
어떤 클럽으로도 볼을 잘 칠 수 있습니다.
끝으로 타수를 줄이기 위한 어프로치 샷이나 벙커 샷, 퍼팅에 대해서도
이해하기 쉽게 설명해 놓았습니다.

이제 속이 뻥 뚫리도록 파란 하늘을 가르며 경쾌하게 볼을 날려보시기 바랍니다.
그리고 푸른 잔디가 깔린 드넓은 페어웨이를 즐거운 마음으로 걸어보시기 바랍니다.
분명히 골프의 매력에 푹 빠진 자신을 발견하게 될 것입니다.

티칭 프로 우에무라 케이타

Preface

기본기가 없으면 미래도 없다.

골프는 타고난 재능, 탁월한 운동신경, 완벽한 신체조건 등 남들보다 우월한 인자를 가지고 태어난 사람을 한없이 무능하고 실망스러운 존재로 만들기에 충분한 운동입니다. 아무리 운동에 일가견이 있는 사람이라도 골프의 기본기를 제대로 습득하지 못하면 심각한 결과를 초래하게 됩니다.

우리는 나름대로 독학을 하면서 형성된 독특하다 못해 우스꽝스러운 스윙을 가진 사람을 주위에서 쉽게 볼 수 있습니다. 그들의 스윙이 웃음거리가 되는 것도 안타깝지만 더욱 슬픈 것은 정상적인 스윙으로 돌아오기까지 상당한 시간이 걸린다는 점입니다. 심지어는 평생 동안 돌아오지 못할 수도 있습니다. 그 비극의 주인공이 당신이 될 수도 있다고 상상해 보십시오. 얼마나 끔찍한 일입니까.

따라서 평생 골프를 잘 치고 싶다면 기본기를 잘 익혀야 하는 것은 두말할 나위도 없습니다. 하지만 실제로 기본기를 탄탄하게 쌓아나가는 골퍼도 그리 많지 않습니다. 그런 면에서 골프의 기본기를 상세하게 설명하고 있는 〈처음 배우는 골프〉는 골프를 시작하는 아마추어에게는 기본기를 탄탄하게 닦아 줄 지침서로 제격입니다. 또한 골프 지식이 부족한 초보들이 쉽게 이해할 수 있도록 설명도 매우 평이하게 한 점도 특징입니다.

이제부터 이 책과 함께 기본기를 확실하게 다져서 멋진 플레이를 할 수 있는 실력을 기르고, 골프를 진정으로 즐길 수 있는 골퍼로 성장해가길 바랍니다.

미 PGA Class A Member 김해천

Contents

Prologue • 4
Preface • 6

PART 01 스윙의 원리와 기본 자세 배우기

체중이동
01 몸을 좌우로 흔들면서 체중이동의 느낌을 배운다 … 16
02 볼을 좌우로 흔들며 양팔의 로테이션을 배운다 … 18
03 상체와 하체의 밸런스를 이해한다 … 20
04 양팔의 움직임과 체중이동은 동시에 이루어진다 … 22

그립
05 왼손 그립은 3개의 손가락으로 쥔다 … 24
06 오른손 손바닥으로 왼손 엄지를 감싸듯이 쥔다 … 26
07 왼손 손등과 오른손 손바닥이 같은 방향을 가리키도록 쥔다 … 28

어드레스
08 스탠스는 어깨너비로 벌리고 체중은 양발에 5:5로 싣는다 … 30
09 클럽페이스의 방향을 맞춘 후 스탠스를 정한다 … 32
10 어드레스는 일정한 순서에 따라 취한다 … 34

PART 02 똑따기에서 풀스윙까지 배우기

단계별 스윙

01 1/4스윙으로 스윙의 기본기를 익힌다 … 38
02 테이크어웨이는 클럽이 지면과 평행하게 한다 … 40
03 어깨와 팔이 이루는 삼각형을 유지하며 스윙을 시작한다 … 42
04 허리 높이에서 클럽페이스의 방향을 확인한다 … 44
05 하프스윙에서 클럽과 팔의 각도는 90도이다 … 46
06 하프스윙을 연장해서 풀스윙을 만든다 … 48
07 왼쪽 어깨를 천천히 크게 회전시킨다 … 50
08 백스윙톱에서 오른쪽 다리로 하중을 느껴야 한다 … 52
09 다운스윙은 허리부터 시작한다 … 54
10 클럽헤드를 목표 방향으로 강하게 밀어준다 … 56
11 클럽을 목표 방향으로 던지듯 휘두른다 … 58
12 왼발로만 설 수 있는 피니시 자세를 만든다 … 60
13 좋은 리듬감이 좋은 스윙을 만든다 … 62
14 부드러운 체중이동이 스윙 스피드를 높인다 … 64
15 인사이드인 궤도로 스윙한다 … 66
  • 스윙 연속 동작 – 정면 … 68
  • 스윙 연속 동작 – 위 … 70
  • 스윙 연속 동작 – 오른쪽 측면 … 72
  • 스윙 연속 동작 – 왼쪽 측면 … 74

PART 03 드라이버에서 숏 아이언까지 배우기

드라이버
- 01 비거리 욕심보다는 페어웨이 안착이 우선이다 … 78
- 02 정확한 어드레스를 하려면 동작의 순서를 지켜라 … 80
- 03 등을 곧게 펴고 오른쪽 어깨를 조금 내려준다 … 82
- 04 장타를 치려면 백스윙을 충분히 하라 … 84
- 05 체중을 왼발에 싣고 어퍼 블로우로 스윙한다 … 86
- 06 왼손 스윙 연습으로 몸의 힘을 빼보자 … 88
- 07 헤드 스피드를 높이려면 그립을 부드럽게 잡아라 … 90

페어웨이 우드
- 08 그린을 벗어날 경우에 대비하여 안전한 곳을 공략한다 … 92
- 09 우드의 볼의 위치는 스윙 궤도의 최하점이다 … 94
- 10 어드레스의 척추각도를 스윙 내내 유지하라 … 96
- 11 볼을 옆으로 쓸어낸다는 느낌으로 스윙하라 … 98

미들 아이언
- 12 벙커 등 장애물을 피하면서 그린을 공략한다 … 100
- 13 클럽페이스를 기준으로 올바른 어드레스를 만든다 … 102
- 14 아이언의 임팩트는 스윙 궤도 최하점 직전에 이루어진다 … 104

숏 아이언
- 15 핀을 노리기 쉬운 상황이라면 적극적으로 공략하라 … 106
- 16 왼팔과 클럽샤프트를 일직선으로 유지한다 … 108
- 17 백스윙톱과 피니시는 간결하게 하라 … 110
- 18 양팔의 자연스러운 로테이션을 이용하라 … 112

PART 04 타수를 좌우하는 숏게임 배우기

어프로치 샷
- 01 볼을 핀에 붙이려면 전략을 세워라 … 116
- 02 거리 조절은 스윙의 크기를 3단계로 나누어 파악한다 … 118
- 03 양쪽 발끝은 왼쪽을 향하고 핸드 퍼스트 자세를 취한다 … 120
- 04 오른손 손목 각도를 유지하면서 볼을 친다 … 122
- 05 그린 주변 상황에 따라 클럽을 구분해서 사용하라 … 124
- 06 그린 앞에 벙커가 있는 경우에는 피치 샷을 시도하라 … 126

벙커 샷
- 07 벙커 샷은 모래가 볼을 옮기는 것이다 … 128
- 08 클럽페이스를 오픈시키고 무게중심을 낮춰라 … 130
- 09 볼 밑의 모래를 쓸어내는 느낌으로 스윙하라 … 132

퍼팅
- 10 퍼팅라인의 경사도를 잘 파악하라 … 134
- 11 퍼팅 그립과 손목을 일직선으로 일치시킨다 … 136
- 12 진자운동의 원리를 이용하여 스트로크를 한다 … 138
- 13 양쪽 눈을 퍼팅라인과 평행하게 유지하라 … 140
- 14 경사가 있는 그린은 가상의 홀을 목표로 쳐라 … 142
- 15 롱퍼팅은 거리감각을, 숏퍼팅은 방향을 우선시하라 … 144

 PART 05 **초보들의 고질병 미스 샷 바로 잡기**

연습법

01 스윙의 파워를 극대화시켜라 … 148
02 아이언 샷의 슬라이스를 잡아라 … 150
03 드라이버 샷의 슬라이스를 잡아라 … 152
04 드라이버 임팩트의 견고함을 높여라 … 154
05 아이언 샷의 뒤땅을 잡아라 … 156
06 어프로치 샷의 뒤땅과 탑볼을 잡아라 … 158
07 연습장 매트에서 벙커 샷을 연마하라 … 160
08 안정적인 퍼팅의 해답은 피니시에 있다 … 162

PART 06 초보 딱지 떼기 위한 골프 상식

01 클럽의 종류 … 166
02 클럽의 구조와 명칭 … 170
03 클럽 선택 요령 … 172
04 골프공의 종류와 선택 요령 … 175
05 골프장의 구성 … 177
06 타수 계산 방법 … 182
07 스코어 카드 작성법 … 183
08 볼의 구질 9가지 … 184
09 초보자를 위한 골프 에티켓 … 185
10 골프 용어 … 188

PART 01
스윙의 원리와 기본 자세 배우기

무작정 클럽을 잡고 스윙을 하기 전에 먼저 스윙의 기본 동작을 이해하는 것이 중요하다. 클럽은 잠시 놔두고, 몸의 움직임에 대해 학습한 후에 그립과 어드레스에 대해 배워보자.

체중이동

01 몸을 좌우로 흔들면서 체중이동의 느낌을 배운다

체중이동이 잘 되면 팔은 저절로 따라온다

처음부터 클럽을 쥐고 볼을 치기 시작하면 팔의 힘을 이용한 스윙을 하게 된다. 초보자 중에는 하체를 이용하지 못하고 손으로만 클럽을 휘두르는 사람이 많은데, 이런 식으로 볼을 맞추려고 하다 보면 팔에 힘이 많이 들어가 몸의 균형이 잡히지 않게 되고 잘못된 스윙 습관이 생기게 된다. 골프를 시작하고 가장 많이 듣는 '힘 빼는 데 3년'이라는 말이 결국 이 뜻이다.

따라서 골프를 배우기 시작할 때부터 올바른 체중이동 요령을 익혀야 한다. 먼저 클럽은 놔두고 양손을 아래로 늘어뜨린다. 그 다음 상체를 좌우로 흔들면서 오른발과 왼발에 교대로 체중을 실어보자. 팔의 힘을 뺀 채 체중을 이동하는 방법을 이해하게 되면 팔은 저절로 따라오게 된다. 이것이 바로 하체를 이용하는 스윙의 기본이다.

체중을 오른발, 왼발에 교대로 실어주면서 상체를 좌우로 흔든다. 이 동작이 체중이동의 기본이다.

양팔의 힘을 빼고 늘어뜨린 채 체중을 오른발에 실어주면 팔도 자연스럽게 오른쪽으로 따라간다. 몸을 좌우로 크게 흔들면 팔이 움직이는 폭도 커지게 된다.

반대로 체중을 왼발에 실어주면 팔도 자연스럽게 왼쪽으로 따라가는 것을 알 수 있다.

02 볼을 좌우로 흔들며 양팔의 로테이션을 배운다

체중이동

팔이 편안하게 돌아가는 느낌을 가져야 한다

처음부터 클럽을 쥐면 아무래도 양손에 힘이 들어가게 되어 클럽을 부드럽게 휘두르지 못하게 되고, 팔을 움직이는 방법을 올바르게 배울 수 없다.

팔을 움직이는 방법을 연습하기 위해서는 아래 사진과 같이 축구공 크기의 볼을 양손에 쥐고, 상체를 앞으로 조금 숙인 자세(어드레스 자세)를 만든다. 그 다음 양팔을 좌우로 휘두르는 연습을 하자. 이때 체중이동은 하지 않도록 한다. 이 연습의 포인트는 오른쪽 허리 높이로 들어 올릴 때에는 왼손 손등이 약간 위쪽을 향하게 하고, 왼쪽 허리 높이로 들어 올릴 때는 오른손 손등이 약간 위쪽을 향하도록 팔을 휘두르는 것이다.

볼을 쥐고 있는 양손의 힘을 동일하게 유지하면서 팔을 허리 높이까지 휘두른다.

상체를 앞으로 가볍게 숙이고 양팔을 자연스럽게 늘어뜨린다.

양팔을 오른쪽으로 휘두를 때는 왼손 손등이 약간 위쪽을 향하게 한다는 느낌으로 팔을 살짝 회전시킨다.

팔을 왼쪽으로 휘두를 때는 오른손 손등이 약간 위쪽을 향하도록 한다.

양팔을 오른쪽으로 후두를 때 오른손 손등이 위쪽을 향하지 않도록 한다.

반대로 팔을 너무 심하게 회전시키지 않도록 주의한다.

팔을 왼쪽으로 휘두를 때는 왼손 손등이 위쪽을 향하지 않도록 한다.

03 상체와 하체의 밸런스를 이해한다

체중이동

백스윙은 어깨만 회전시키고, 다운스윙은 몸 전체를 회전시킨다

이 연습은 상체와 하체의 움직임에 대한 균형을 이해하는 것이 목표이다. 먼저 클럽을 어깨에 메고 상체를 앞으로 조금 숙인 자세(어드레스 자세)를 만든다. 그리고 몸을 오른쪽으로 회전시킬 때는 어깨만 비트는 느낌, 즉 가슴이 목표 반대 방향을 향하도록 어깨를 회전시킨다. 이것이 테이크어웨이부터 백스윙톱까지 상체가 어떻게 움직이는가에 대한 기본이다.

그 다음 어깨를 오른쪽으로 회전시킨 위치에서 자신의 가슴이 목표 방향을 향할 때까지 180도로 턴한다. 이때 체중을 왼발에 확실하게 싣고 어깨뿐만 아니라 허리도 회전시킨다. 이것이 다운스윙에서 피니시까지의 동작에 해당한다.

90도

클럽을 어깨에 메고 양발을 어깨 너비 정도로 벌린 뒤 가볍게 어드레스 자세를 취한다.

하체와 허리는 가능한 움직이지 말고, 어깨만 오른쪽으로 90도 회전시킨다.

상체가 회전하면서 체중이 천천히 오른발에 실리도록 한다.

180도

어깨와 허리를 함께 회전시키는 느낌으로 몸을 왼쪽으로 회전시킨다.

어깨를 오른쪽으로 90도 회전시킨 위치에서 왼쪽으로 180도 회전시킨다.

오른쪽 뒤꿈치가 완전히 들리고, 체중의 대부분이 왼발에 실린다.

체중이동

04 양팔의 움직임과 체중이동은 동시에 이루어진다

체중이동을 하면서 양손에 쥔 볼을 멀리 날려보자

다시 한 번 양손에 볼을 쥐고 팔을 좌우로 휘두르는데, 이번에는 볼을 목표 방향으로 멀리 던진다는 느낌으로 체중을 적극적으로 옮겨보자.

백스윙은 어깨만 회전시키는 느낌으로 체중을 오른발에 싣고, 다운스윙 때는 체중을 왼발에 싣고 팔을 크게 휘두른다. 스윙 도중에 머리나 허리가 좌우로 크게 움직이면 몸의 중심축이 흔들려 회전력이 약해지므로 진자운동처럼 일정하게 휘두르는 것이 중요하다. 몸과 팔이 함께 움직인다는 느낌을 알게 되면 스윙을 쉽게 익힐 수 있다.

어드레스 자세를 만들고 양팔을 자연스럽게 늘어뜨린 상태로 볼을 쥔다.

머리와 허리는 고정시키고 볼을 몸의 왼쪽 방향으로 멀리 날려보자.

상체를 오른쪽으로 회전시
키면서 체중을 오른발에
싣는다.

체중을 왼발로 옮기면서
허리와 어깨를 동시에 회
전시켜 볼을 던진다.

스윙 축을 벗어나 상체가 좌우로 크게 움직이면 체중이동을 하면서
비축해야 할 힘이 좌우로 분산되어 볼을 멀리 던질 수 없다.

백스윙 때 체중이 왼발에 많이 남고, 다운스윙 때 오른발에 많이
남으면 체중이동이 거꾸로 되어 파워가 떨어진다.

PART 01 스윙의 원리와 기본 자세 배우기　23

그립

05 왼손 그립은 3개의 손가락으로 쥔다

클럽을 지탱한다는 느낌의 강도가 적당하다

그립이란 양손으로 클럽을 쥐는 부분을 말하며, 클럽을 쥐는 것 자체를 그립이라고 표현하기도 한다. 그립은 왼손부터 쥐는데, 우산을 쥘 때의 느낌을 떠올려보면 쉬울 것이다. 우산을 쥘 때처럼 불필요한 힘은 빼고 손가락으로 가볍게 거머쥐면 된다.

새끼손가락부터 약지, 중지 이렇게 3개의 손가락과 엄지 아래쪽의 손바닥 도톰한 부분을 이용하여 클럽이 손가락에 확실하게 걸리는 느낌으로 쥐면, 왼팔과 클럽이 이루는 각도가 생기면서 클럽의 무게를 느낄 수 있다. 이때 그립의 강도는 클럽이 휘청대지 않도록 왼손으로 클럽을 지탱해주는 정도가 적당하다.

새끼, 약지, 중지와 엄지 아래 도톰한 부분으로 그립을 잡는다. 클럽의 무게가 느껴질 정도로 힘을 조절하면서 쥔다.

엄지 아래쪽의 도톰한 부분에 그립이 확실하게 걸리도록 쥔다.

● 왼손 그립 순서

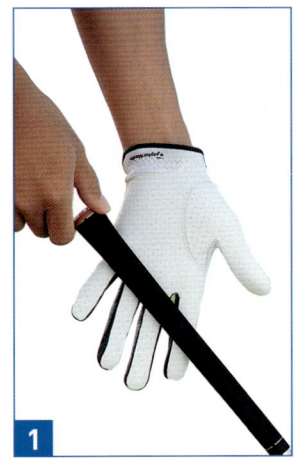

1
왼손 새끼손가락 바로 아래쪽과 집게손가락 둘째 마디를 연결하는 선 위에 그립을 올려놓는다.

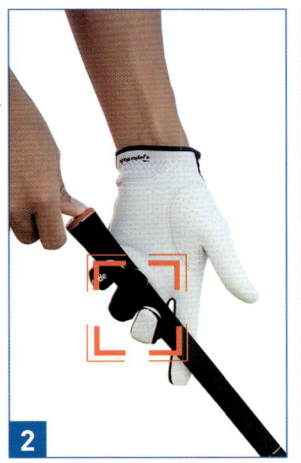

2
새끼손가락, 약지, 중지 이렇게 세 손가락으로 그립을 감아준다.

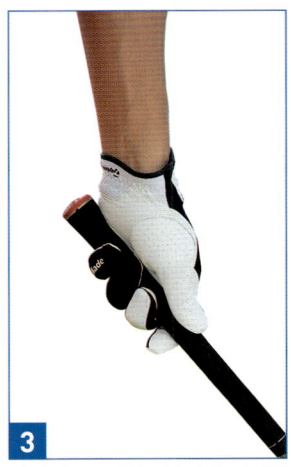

3
마지막으로 왼손 엄지와 검지를 그립에 가볍게 가져다 댄다.

NG!
클럽을 너무 길게 잡으면 클럽의 무게 때문에 그립을 더 강하게 쥐게 된다.

NG!
손바닥 전체로 세게 움켜쥐지 않도록 주의한다.

PART 01 스윙의 원리와 기본 자세 배우기

그립 06

오른손 손바닥으로
왼손 엄지를 감싸듯이 쥔다

오른손도 손가락으로 클럽을 쥔다는 느낌이 들어야 한다

왼손 그립을 한 후에는 오른손 그립을 한다. 그립에 오른손을 가져다 댈 때는 왼손 엄지와 오른손의 생명선을 맞추는 것이 포인트이다. 그리고 오른손 손바닥으로 왼손 엄지를 감싸듯이 쥔다. 마지막으로 오른손 엄지는 검지 부분에 붙여서 V자 모양을 만든다.

오른손도 손가락으로 클럽을 쥔다고 생각하면 된다. 중지와 약지의 첫째 마디 부분을 그립에 밀착시키고 그립을 감아준다. 그립을 쥘 때 손바닥으로 강하게 쥐면 오른쪽 어깨나 왼팔이 경직되어 클럽을 부드럽게 휘두를 수 없으므로 가볍게 쥐도록 한다. 그립은 몸과 클럽을 연결하는 유일한 접점이므로 그립을 쥐는 순서를 바르게 잘 지키도록 하자.

오른손 손바닥의 생명선을 왼손 엄지손가락에 맞춘다.

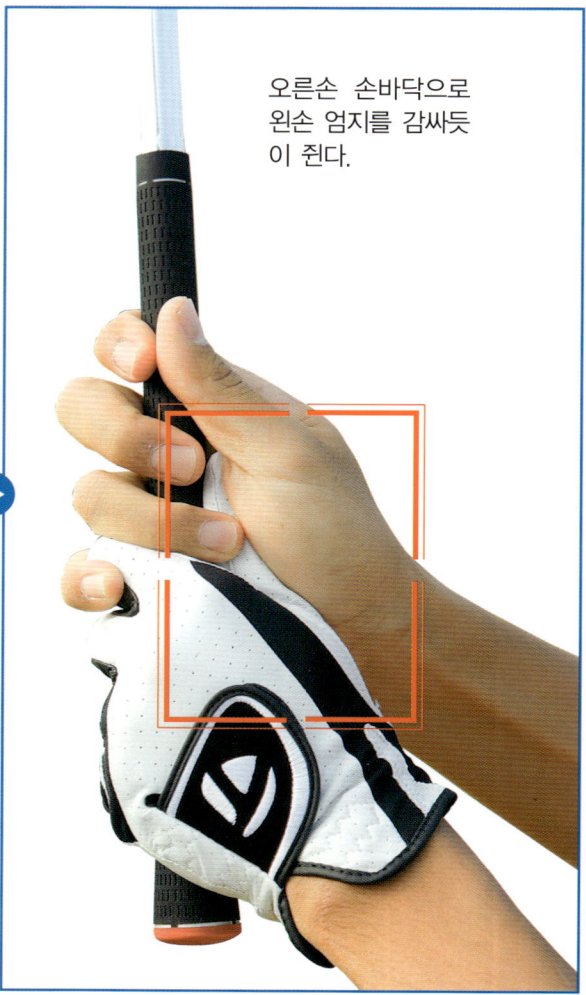

오른손 손바닥으로 왼손 엄지를 감싸듯이 쥔다.

●오른손 그립 순서

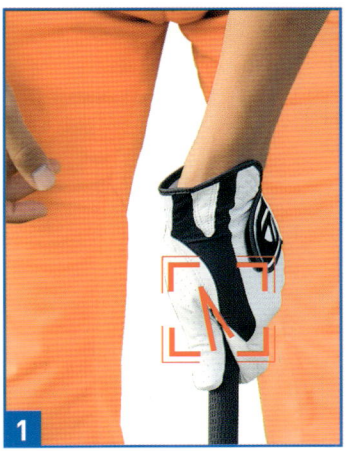

1
왼손 손등이 살짝 위쪽을 향하도록 쥐고, 왼손 엄지를 검지에 밀착시켜 V자 모양을 만든다.

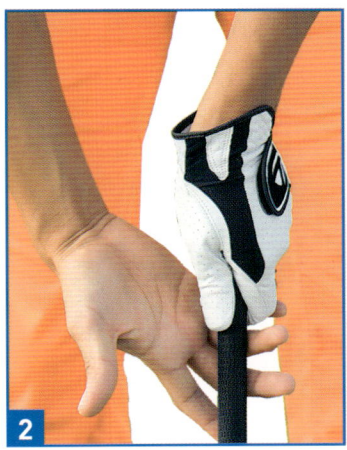

2
오른손 중지와 약지의 첫째 마디를 그립의 옆 부분에 가져다 대며 오른손 손바닥 생명선을 왼손 엄지에 밀착시키고 그립을 쥔다.

NG!
오른손 바닥으로 그립을 움켜지지 않도록 주의한다.

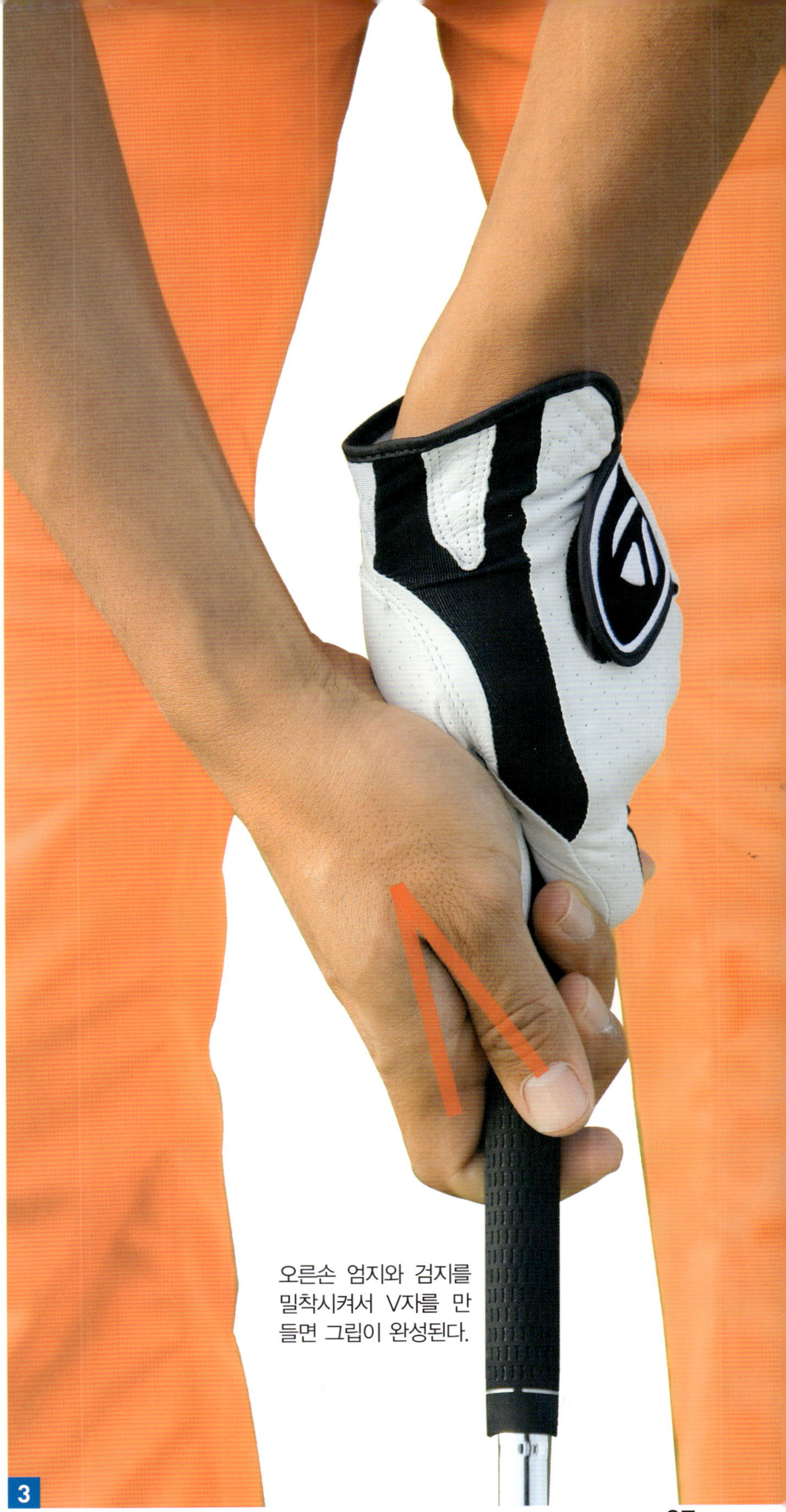

3
오른손 엄지와 검지를 밀착시켜서 V자를 만들면 그립이 완성된다.

그립
07 왼손 손등과 오른손 손바닥이 같은 방향을 가리키도록 쥔다

손바닥이 서로 마주보도록 하면서 균형을 잡는다

양손의 일체감이란 두 개의 손이 마치 하나처럼 느껴지는 것을 말한다. 만약 양손이 제각각 움직인다면 정확한 샷을 구사할 수 없다. 따라서 왼손 손등과 오른손 손바닥이 향하는 방향을 일치시켜 양손 손바닥이 서로 마주보도록 그립을 쥐면 양손의 일체감을 느낄 수 있다. 그리고 오른손이 왼손보다 아래쪽에 있는 만큼 오른쪽 어깨도 조금 내려가게 되므로, 양손으로 만든 V자가 오른쪽 어깨를 가리키는 것이 올바른 그립이다.

그립을 쥐는 방법에는 오버래핑 그립(Overlapping Grip), 인터로킹 그립(Interlocking Grip), 베이스볼 그립(Baseball Grip)의 3종류가 있는데, 어느 것이 특별히 더 좋다고는 할 수 없다. 자신에게 잘 맞는 그립 방법을 선택하도록 하자.

오버래핑 그립

오른손 새끼손가락을 왼손 검지와 중지 사이에 올려놓는 그립 방법이다. 가장 일반적인 그립 방법으로 양손의 균형 감각이 뛰어나다.

인터로킹 그립

오른손 새끼손가락이 왼손 검지와 깍지를 끼우는 방법이다. 양손의 일체감을 느끼기 쉬우며 프로선수들 사이에서도 많이 볼 수 있다. 타이거 우즈가 대표적이다.

베이스볼 그립

야구배트를 쥐듯이 오른손과 왼손을 분리한 그립 방법이다. 오른손의 힘을 살리기 쉽다.

● 양손 손바닥 정렬 방법

   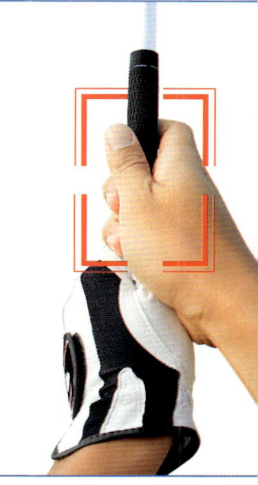

왼손의 손가락이 시작되는 부분에 그립을 올려놓는다.

왼손 엄지는 그립의 한가운데에서 약간 오른쪽으로 돌려 잡는다.

오른손 중지와 약지의 첫째 마디로 그립을 감싸 쥔다.

오른손 엄지와 검지로 총의 방아쇠를 당기는 모양을 만든다.

양손 손바닥을 서로 마주보게 한 다음 오른손을 조금 아래로 내리면 그립의 형태가 만들어진다. 양손으로 만든 V자는 오른쪽 어깨를 가리켜야 한다.

PART 01 스윙의 원리와 기본 자세 배우기

어드레스

08 스탠스는 어깨너비로 벌리고 체중은 양발에 5:5로 싣는다

클럽을 부드럽게 휘두를 수 있는 자세를 만든다

어드레스란 클럽으로 공을 치기 위한 준비 자세이다. 먼저 7번 아이언으로 올바른 어드레스 방법을 익히도록 하자.

앞에서 클럽을 쥐지 않고 팔을 좌우로 흔드는 연습을 소개했는데, 마찬가지로 팔을 편안하게 휘두를 수 있는 자세를 만들고, 그 자세를 유지하면서 클럽을 쥐기만 하면 된다. 똑바로 선 자세에서 척추를 곧게 펴고 상체를 자연스럽게 앞으로 숙인다. 그 다음 양팔을 편하게 늘어뜨리고 그립을 잡는다.

스탠스란 어드레스를 취했을 때 양발의 간격을 말하는데, 스탠스의 폭은 어깨너비 정도가 적당하다. 여기서 어깨너비란 양 어깨 끝과 양발 뒤꿈치 안쪽 선상의 수직 방향을 말한다.

척추를 곧게 편 상태로 상체를 앞으로 숙여 자연스러운 어드레스 자세를 만든다.

양팔을 자연스럽게 늘어뜨린 위치에서 양손으로 그립을 잡는다.

어깨의 힘을 빼고 양팔을 편하게 늘어뜨리면 균형 잡힌 어드레스 자세를 만들 수 있다.

양쪽 무릎을 가볍게 구부려서 하체가 안정되는 느낌을 느끼도록 한다.

오른손 그립이 왼손 그립보다 아래쪽에 있기 때문에 오른쪽 어깨가 조금 내려가는 자세가 된다.

양손의 위치는 왼쪽 허벅지 앞쪽에 오도록 한다.

일반적으로 볼의 위치는 7번 아이언을 기준으로 스탠스 중앙에서 약간 오른쪽에 놓는 것이 기본이다.

스탠스 폭은 자신의 어깨너비를 기준으로 하고, 체중은 양발에 균등하게 싣는다(7번 아이언 기준).

어드레스
09 클럽페이스의 방향을 맞춘 후 스탠스를 정한다

자연스러운 차려 자세를 취한 다음 어드레스를 해보자

실제로 볼을 칠 때 어떤 순서로 어드레스를 하는지 설명해 보도록 하겠다. 어드레스를 할 때 양발의 위치, 즉 스탠스를 먼저 정해버리면 볼과 몸 사이의 간격을 적정하게 유지할 수 없다. 따라서 가장 먼저 해야 할 일은 클럽페이스가 정확하게 목표를 향하도록 정렬하는 것이다. 클럽페이스의 가장 아래쪽 날 부분을 리딩에지(Leading Edge)라고 하는데, 리딩에지를 볼과 목표를 연결하는 가상의 선(타깃 라인)과 직각이 되도록 세팅한다.

그리고 자연스러운 차려 자세를 취한 다음 양손으로 그립을 잡고 왼발, 오른발 순서로 스탠스 위치를 정하면 균형이 잘 잡힌 어드레스를 만들 수 있다.

클럽페이스의 리딩에지를 올바르게 세팅하는 습관을 가져야 한다.

클럽페이스의 리딩에지와 타깃 라인이 직각을 이루어야 한다.

클럽페이스가 목표 방향 보다 왼쪽(위) 또는 오른쪽(아래)을 향하게 되면, 볼이 목표 방향으로 똑바로 날아가지 않는다.

클럽페이스의 리딩에지가 정확하게 목표를 향하게 한다.

● 스탠스를 정하는 순서

클럽페이스를 목표에 겨냥하고, 오른발을 앞으로 내밀어 볼 뒤를 가리키도록 놓는다.

오른발은 그대로 둔 채 왼발을 움직여 자연스러운 차려 자세로 선 다음 양손으로 그립을 잡는다.

클럽페이스 방향을 그대로 유지하면서 왼발을 조금 넓힌다.

마지막으로 오른발을 조금 넓혀서 어드레스를 완성한다.

어드레스

10 어드레스는 일정한 순서에 따라 취한다

가장 마지막 단계에 양쪽 무릎을 가볍게 구부린다

어드레스를 일정한 순서에 따라 취해야 하는 이유는 스윙의 일관성과 적절한 리듬감을 유지하기 위해서이다. 그래야만 항상 정확한 스윙을 할 수 있다.

 어드레스 순서는 다음과 같다. 먼저 어드레스에 들어가기 전에 클럽을 가슴 높이로 올려 목표점을 겨냥한다. 그 다음 스탠스를 취하고 어깨의 힘을 뺀 채 편하게 선다. 그리고 등을 곧게 편 상태로 허리부터 상체를 앞으로 구부린다. 상체를 구부린 각도를 유지한 채 양쪽 겨드랑이 부분이 적절히 조이는 느낌이 들도록 양팔을 내리고 클럽헤드를 지면에 댄다. 마지막으로 양쪽 무릎을 가볍게 구부린다. 무게중심은 발바닥 가운데의 오목한 부분과 엄지발가락 아래쪽 도톰한 부분의 중간쯤에 실어주면 안정감 있게 고정되는 느낌이 만들어진다. 이것이 어드레스를 만드는 순서이다.

클럽을 앞으로 뻗어 목표점을 확인하고 머릿속으로 공략법을 구상한다.

스탠스를 취하고 허리를 자연스럽게 구부린다. 이때 고개는 등과 일직선을 이루도록 하고, 턱을 몸쪽으로 살짝 당겨준다.

무릎을 너무 구부리면 체중이 뒤꿈치에 실리는 자세가 된다.

등을 곧게 편 자세에서 스탠스를 취하고 클럽을 자연스럽게 내리면 올바른 어드레스 자세를 만들 수 있다.

등을 곧게 편 상태에서 팔을 편안하게 내리고 클럽을 지면에 댄다.

마지막으로 양쪽 무릎을 가볍게 구부리고 무게중심이 발바닥의 오목한 부분과 엄지발가락 아래쪽 도톰한 부분 사이에 오도록 한다.

PART 02
똑따기에서 풀스윙까지 배우기

체중이동과 올바른 그립, 어드레스를 익혔다면 이제 단계별 스윙을 배울 차례이다. 스윙의 폭을 조금씩 늘리면서 풀스윙을 완성하도록 하자.

단계별 스윙

01 1/4스윙으로 스윙의 기본기를 익힌다

어드레스 때 어깨와 팔이 이루는 삼각형을 유지한다

스윙에서 가장 중요한 것은 리듬감 있게 올바른 궤도로 클럽을 휘두르고, 클럽페이스 가운데 부분(스위트 스폿)으로 볼을 정확하게 쳐내는 것이다. 처음부터 풀스윙을 해도 볼을 잘 맞힐 것 같은 생각이 들겠지만 실제로 쳐보면 볼이 클럽페이스 부분에 잘 맞지 않고 곧게 날아가지도 않는다. 즉, 몸이 따라주질 않는다. 따라서 스윙을 잘하기 위해서는 볼을 티 위에 올려놓고, 스탠스 폭을 좁히고, 7번 아이언으로 스윙의 폭이 작은 1/4스윙(일명 똑따기) 연습부터 시작하면 좋다. 보기에는 단순한 동작 같지만 이는 스윙의 기본기를 익히는 데 가장 중요한 동작이다.

이 연습을 할 때는 머리 위치를 그대로 유지하고, 스윙 축을 생각하면서 클럽을 좌우대칭으로 휘두르도록 한다. 볼을 멀리 칠 필요가 없으므로 어깨와 팔이 이루는 삼각형을 그대로 유지하면서 볼을 친다는 점에 주의하도록 하자.

어드레스 때 양어깨와 양팔이 이루는 삼각형 모양을 유지하면서 일직선으로 백스윙한다.

스탠스를 어깨너비보다 조금 좁게 벌린다.

어드레스를 취했을 때 왼팔과 클럽이 이루는 각도를 유지하면서 스윙하는 것도 중요하다.

NG!

스윙 도중에 손목을 꺾으면 클럽페이스의 방향이 틀어져서 볼을 정확하게 칠 수 없다.

NG!

스윙 축을 중심으로 상체가 좌우로 움직이면 클럽을 올바른 궤도로 휘두를 수 없다.

삼각형 모양을 끝까지 유지하면서 볼을 쳐낸다.

다운스윙 때도 어깨와 팔이 이루는 삼각형을 그대로 유지해야 클럽페이스의 가운데 부분으로 볼을 칠 수 있다.

단계별 스윙

02 테이크어웨이는 클럽이 지면과 평행하게 한다

테이크어웨이는 체중이동을 이용하여 클럽샤프트가 지면과 평행이 되도록 해야 한다. 이때 그립의 끝은 목표 방향을 가리켜야 한다.

스탠스를 어깨너비로 벌린다.

체중이동을 이용하여 테이크어웨이를 하고, 클럽페이스의 가운데 부분으로 쳐낸다

1/4스윙으로 리듬감 있게 볼을 정확하게 맞힐 수 있게 되었다면, 이번에는 스탠스를 어깨너비 정도로 벌리고, 클럽을 허리 높이까지 올린 후 볼을 맞히는 테이크어웨이 연습을 한다. 이 경우에도 볼을 멀리 칠 필요가 없기 때문에 체중이동에 집중하면서 스윙을 하도록 하자.

백스윙에서는 어깨만 회전시키고, 다운스윙 이후부터는 오른쪽 무릎과 오른발을 자연스럽게 움직인다. 오른발 뒤꿈치를 들어 올리면 체중이 자연스럽게 왼발에 실리게 되고, 피니시에서는 몸이 거꾸로 된 C자 모양으로 휘어지게 된다. 스윙 도중에는 척추축을 고정시켜 머리나 허리가 좌우로 움직이지 않도록 한다.

테이크어웨이를 할 때 허리가 오른쪽으로 밀리면 클럽이 올바르게 올라가지 않는다.

허리가 너무 돌아가면 클럽이 낮게 뒤로 빠지게 된다.

몸과 팔이 일체감 있게 움직여야 임팩트를 정확하게 할 수 있다.

클럽을 휘두르고 나면 오른쪽 뒤꿈치가 자연스럽게 들린다.

테이크어웨이와 마찬가지로 클럽을 지면과 수평한 높이까지 휘두른다.

NG! 다운스윙을 할 때 상체가 목표 방향으로 밀려 나가지 않도록 주의한다.

어깨와 허리 회전을 이용하여 체중이 왼발에 실린 피니시 자세를 만든다.

단계별 스윙

03 어깨와 팔이 이루는 삼각형을 유지하며 스윙을 시작한다

스윙 시작 전에 왜글 동작으로 몸의 긴장을 풀어준다

테이크어웨이는 스윙에 시동을 걸어주는 동작이라고 할 수 있는데, 이때의 포인트는 시동을 얼마나 부드럽게 걸어주느냐이다. 어드레스를 한 후에 몸이 완전히 정지되어 있으면 어깨나 팔, 다리 등이 경직되어 클럽을 부드럽게 움직일 수 없다. 그래서 바닥에 있는 흙을 다진다는 느낌으로 양쪽 다리로 가볍게 바닥을 자근자근 밟아보거나 클럽을 좌우로 가볍게 움직이는 왜글(Waggle) 동작을 통해 몸의 긴장을 풀어주고 리듬감을 만들어준다. 샷을 하기 전의 이러한 일정한 동작들을 프리샷 루틴(Pre-Shot Routine)이라고 하는데, 프리샷 루틴을 통해 어드레스 자세에서 몸과 손목의 긴장을 풀어줄 수 있어 테이크어웨이를 부드럽게 할 수 있게 된다. 다만 너무 과하거나 요란한 동작은 스윙의 집중력을 떨어뜨릴 수 있으므로 주의한다.

어깨와 팔이 이루는 삼각형과 손목 각도를 그대로 유지한다.

리듬을 타면서 테이크어웨이를 시작한다. 머리는 움직이지 않는다.

스윙을 시작하기 전에 양발로 바닥을 가볍게 밟아주면서 클럽을 좌우로 가볍게 움직여주는 왜글을 하면 긴장 해소에 도움이 된다.

어드레스를 한 후에 몸이 긴장하거나 경직되면 위에서 클럽을 누르는 자세가 되어 테이크어웨이를 부드럽게 할 수 없다.

몸이 회전하면서 클럽이 타깃라인 안쪽으로 올라가게 된다.

타깃라인

스윙을 시작하여 클럽이 오른발 앞쪽에 올 때까지는 클럽을 일직선으로 당기는 느낌이지만 그 이후에는 조금씩 안쪽으로 올라간다.

단계별 스윙

04 허리 높이에서 클럽페이스의 방향을 확인한다

팔이 자연스럽게 돌아가는 감각을 이해한다

하프스윙 연습을 할 때는 1장에서 소개했던 양손으로 볼을 쥐고 팔을 좌우로 흔드는 연습방식으로 볼을 친다. 단, 양팔이 너무 돌아가면 볼이 클럽페이스에 정확히 맞지 않으므로 클럽페이스의 방향을 체크하도록 하자.

　백스윙과 팔로스루에서 클럽샤프트가 지면과 평행한 높이까지 올라왔을 때 클럽페이스의 직선이 척추라인과 평행해지는 것이 이상적인 형태이다. 이러한 자세를 유지하면 클럽페이스가 올바른 방향으로 유지되며 임팩트의 정확성도 높아진다.

클럽을 오른쪽 허리 높이까지 들었을 때 클럽페이스의 각도가 척추라인과 평행해야 한다.

NG!

테이크어웨이에서 클럽페이스가 하늘을 향하거나 지면을 가리키고 있다면 팔이 너무 돌아갔거나 덜 돌아갔다는 증거이다.

클럽을 왼쪽 허리 높이까지 스윙했을 때에도 클럽페이스가 척추라인과 평행해야 힌다.

팔로스루에서도 클럽페이스의 방향이 위 또는 아래를 가리키고 있다면 팔이 올바르게 움직이지 않는다는 증거이다.

단계별 스윙

05 하프스윙에서 클럽과 팔의 각도는 90도이다

그립의 끝이 볼의 오른쪽 선상을 가리키는 각도가 이상적이다

테이크어웨이를 마스터했다면 이제는 하프스윙 연습에 도전해보자. 하프스윙에서는 왼팔이 지면과 평행이 되는 위치까지 올라가는데, 손의 힘으로만 클럽을 들어 올리면 몸의 회전을 이용할 수 없으므로 테이크어웨이에서 익혔던 체중이동 방법을 의식하도록 한다.

또한 테이크어웨이에서는 클럽헤드가 그리는 궤도를 신경 쓰지 않아도 되지만, 하프스윙에서는 궤도를 체크하는 것이 중요하다. 거울 등을 이용하여 하프스윙 위치에 있을 때 그립 끝의 연장선이 볼의 오른쪽 선상을 가리키도록 하는 궤도를 익혀보자.

왼팔이 지면과 수평이 되는 위치까지 들어올린다.

마찬가지로 오른팔이 지면과 수평이 되는 위치까지 휘두른다.

클럽을 들어 올린 위치에서 그립의 끝이 볼의 오른쪽을 가리켜야 한다.

스윙이 끝난 위치에서도 백스윙과 대칭이 되도록 그립의 끝이 티가 있는 쪽을 가리켜야 한다.

백스윙을 할 때 어깨를 오른쪽으로 90도 정도 회전시킨다.

손으로만 클럽을 들어 올리면 어깨 회전이 부족해지므로 스윙의 파워가 약해진다.

팔로스루에서 왼쪽 팔꿈치가 빠지면 볼이 똑바로 날아가지 않고 오른쪽으로 휜다.

PART 02 똑따기에서 풀스윙까지 배우기

단계별 스윙

06 하프스윙을 연장해서 풀스윙을 만든다

백스윙톱에서의 오른쪽 팔꿈치와 피니시에서의 왼쪽 팔꿈치 각도는 각각 90도이다

이제 마지막으로 풀스윙을 완성해 보도록 하자. 클럽을 휘두르는 폭이 크면 클수록 그만큼 볼도 멀리 날아가지만, 볼을 멀리 치겠다는 생각에 사로잡혀 스윙 도중에 힘을 주어서는 안 된다. 자신이 낼 수 있는 힘 전체를 10이라고 한다면, 스윙을 하는 동안에 들어가는 힘은 5 정도의 느낌이면 된다. 하프스윙의 연장이라고 생각하고 먼저 임팩트의 정확도를 높이는 데 초점을 맞추도록 한다.

백스윙톱에서는 오른쪽 팔꿈치가, 피니시에서는 왼쪽 팔꿈치가 각각 90도가 되도록 한다. 팔꿈치뿐만 아니라 겨드랑이가 열리는 각도와 팔과 클럽이 이루는 각도가 각각 90도 정도 되는 것이 풀스윙의 이상적인 형태이다.

백스윙톱은 하프스윙을 연장한 것으로 양손을 오른쪽 귀보다 조금 높은 위치까지 들어올린다.

백스윙톱에서 오른쪽 팔꿈치의 각도와 겨드랑이와 몸통의 각도는 90도가 이상적이다.

오른쪽 팔꿈치를 너무 펴면 백스윙의 크기가 지나치게 커진다.

오른쪽 팔꿈치를 너무 구부리면 어깨 회전이 부족해져 백스윙의 크기가 작아진다.

피니시에서도 백스윙 톱과 대칭이 되도록 왼쪽 팔꿈치를 90도로 만들어 준다.

피니시에서 왼쪽 팔꿈치가 너무 높이 올라가지 않도록 하자.

왼손 손목이 손등 쪽으로 꺾이지 않으면 올바른 피니시 형태를 만들 수 없다.

단계별 스윙 07 왼쪽 어깨를 천천히 크게 회전시킨다

등은 목표 방향을 향하게 하고 체중은 오른발로 옮긴다

백스윙에서는 등이 목표 방향을 향하게 한다는 느낌으로 왼쪽 어깨를 충분히 회전시켜야 한다. 이때 오른쪽 무릎이 밀리면 스윙의 중심축이 흔들리게 되므로 오른쪽 무릎은 어드레스 위치 그대로 유지해야 한다. 오른발 바깥쪽에 벽이 있다고 상상하면 오른쪽 무릎의 밀림 현상을 막는 데 도움이 된다.

클럽이 지면과 수평을 이루는 위치까지 올라오면 클럽페이스의 방향과 척추각도가 평행해진다. 그리고 클럽이 어깨 높이까지 올라가게 되면 그립의 끝부분이 볼의 후방(볼의 오른쪽)을 가리키는 느낌의 기울기가 되는 것이 이상적이다. 만약 어깨를 회전시키지 않고 팔로만 클럽을 들어 올리거나 척추각도가 유지되지 않으면 클럽이 올바른 궤도로 올라가지 않는다. 따라서 척추각도를 유지하고 어깨를 충분히 회전시키도록 하자.

백스윙 도중에는 오른쪽 무릎이 계속해서 정면을 바라본다.

가상의 벽

목표 방향

오른발에 체중이 실리도록 오른쪽 엉덩이로 버티고, 등이 목표 방향을 바라보는 느낌이 들 때까지 어깨를 회전시킨다.

클럽이 지면과 평행을 이루는 위치부터 어깨를 더욱 회전시켜 클럽을 위로 들어 올린다.

클럽을 들어 올릴 때 양쪽 팔꿈치의 높이를 같게 유지한다.

그립의 끝이 볼의 후방을 가리켜야 한다.

NG! 어깨나 허리를 과도하게 회전시키면 클럽이 낮은 궤도로 올라간다.

NG! 손으로만 클럽을 들어 올리면 허리가 오른쪽으로 밀려 나가면서, 클럽이 타깃라인의 바깥쪽으로 올라가게 된다.

단계별 스윙

08 백스윙톱에서 오른쪽 다리로 하중을 느껴야 한다

하체는 가능한 움직이지 않고 버텨줘야 안정된 백스윙톱을 만들 수 있다

백스윙톱의 자세가 안정되지 않으면 다운스윙 궤도도 불안정하게 되어 클럽의 스윙 방향 자체가 흔들리게 된다.

올바른 백스윙톱은 오른쪽 무릎이나 오른쪽 다리 안쪽에 긴장감이 느껴지고, 왼쪽 어깨가 오른쪽 무릎과 일직선이 될 정도로 상체를 회전시켜야 한다. 의식적으로 체중을 오른발에 실으려고 하기보다는 상체의 회전을 이용하여 자연스럽게 오른발 쪽에 하중이 실리는 느낌이 들어야 한다. 또한 백스윙톱이 완성되면 왼손 엄지로 클럽을 지탱해야 한다.

왼쪽 어깨가 오른쪽 무릎 위치까지 올 정도로 크게 회전시킨다.

백스윙톱에서 클럽이 밑으로 처지지 않도록 왼손 엄지로 클럽을 확실하게 지탱하는 느낌이 들어야 한다.

백스윙톱에서 왼손 새끼손가락 부분이 느슨해지지 않도록 하는 것이 중요하다. 새끼손가락이 느슨해지면 클럽이 출렁이게 된다. 그리고 오른팔은 마치 웨이터가 쟁반을 손바닥 위에 얹을 때처럼 팔꿈치가 아래를 향해야 한다.

오른쪽 팔꿈치가 위로 들리면 왼손목이 손등 쪽으로 구부러져 클럽이 올바른 위치로 올라가지 않는다.

왼쪽 겨드랑이가 열리면 오른쪽 팔꿈치가 지나치게 떨어지고 상체가 들리는 백스윙톱 자세가 된다.

단계별 스윙 09

다운스윙은 허리부터 시작한다

허리를 왼쪽으로 살짝 밀면서 몸을 왼쪽으로 회전시킨다

구력이 오래된 골퍼에게도 다운스윙을 시작하는 타이밍을 찾기란 쉬운 일이 아니다. 그리고 볼을 쳐낸다는 생각이 앞서면 꼬여 있는 몸을 원 상태로 되돌리려고 하기 보다는 팔의 힘으로 클럽을 내려치려는 동작이 앞서게 되어 체중이 오른발에 남게 된다.

　투수 중에서 언더스로(Under Throw) 스타일의 투구폼을 상상하며 팔을 휘둘러보자. 아마도 왼발로 바닥을 지긋이 밟은 후에 팔이 천천히 내려오게 되는 것을 이해할 수 있을 것이다. 이렇게 허리를 왼쪽으로 이동하면서 회전을 하고, 이런 움직임에 끌려가듯이 팔이 자연스럽게 따라서 내려오도록 하는 것이 올바른 다운스윙의 비결이다.

백스윙톱에서 허리를 왼쪽으로 평행하게 이동시켜 왼발에 체중을 실은 후 클럽이 내려오도록 한다.

다운스윙의 시작은 허리 리드와 함께 오른쪽 어깨가 앞으로 나아가지 않고 제자리에서 떨어지게 해야 한다.

체중이 오른발에 남은 상태로 팔이 내려오게 되면 허리가 오른쪽으로 빠지게 된다.

클럽 한 개를 왼발 바깥쪽에 세우고 백스윙톱에서 다운스윙을 시작할 때 먼저 허리가 클럽에 닿도록 허리를 왼쪽으로 민 다음 클럽이 다운스윙 궤도로 내려오도록 하는 연습을 하자.

오른손에 볼을 쥐고 언더스로 요령으로 볼을 던져보자.

다운스윙을 할 때 손목코킹(Cocking)이 빨리 풀리는 것도 미스 샷의 원인이 된다. 이것을 방지하려면 그립 끝에 티를 꽂고 티가 볼을 최대한 향하도록 하면서 다운스윙을 하면 도움이 된다.

먼저 왼발로 바닥을 지긋이 눌러주고 팔이 조금 늦게 따라온다는 느낌으로 휘두르면 임팩트 후에 팔에 가속도가 붙는 것을 느낄 수 있다.

단계별 스윙

10 클럽헤드를 목표 방향으로 강하게 밀어준다

체중이 왼발에 완전히 실리면 허리가 적절하게 열린다

임팩트는 스윙의 통과점인데 임팩트를 스윙의 최종 목표라고 생각하면 몸에 힘이 들어갈 수 밖에 없다. 그렇게 되면 임팩트 동작에서 몸의 왼쪽 부분이 지면에서 들리거나, 턱이 올라가거나, 양손이 지나치게 목표 방향으로 나아가게 된다.

　임팩트는 어드레스 자세와 똑같다는 말도 있지만 자세히 비교해보면 차이가 있다. 어드레스는 정지해 있는 상태이고, 임팩트는 헤드 스피드가 빠르게 지나가는 상태이기 때문에 허리와 엉덩이가 어드레스 때보다 목표 방향으로 나아가 있고, 양손도 클럽헤드보다 앞쪽에 위치한다.

　다운스윙은 허리 회전이 리드를 하기 때문에 임팩트 순간 허리가 열리게 되는데, 이때 체중을 확실히 왼발에 싣고 볼을 목표 방향으로 강하게 밀어준다는 느낌을 가져야 한다. 백스윙 때 상체를 회전하면서 비축한 파워를 목표 방향으로 모두 쏟아낸다는 느낌이 들도록 하는 것이 올바른 임팩트의 개념이다.

임팩트 때 턱은 아래를 향하고 임팩트 순간을 눈으로 확인해야 헤드업(Head Up)을 방지할 수 있다.

임팩트 순간에는 왼팔을 곧게 편다.

왼발로 바닥을 확실하게 지탱해준다.

클럽페이스로 무거운 물체(골프백이나 임팩트 백 등)를 목표 방향으로 곧게 밀어주는 연습을 하면 임팩트의 느낌을 알 수 있다.

볼을 높이 떠올려 보낸다는 생각이 앞서면 손목코킹이 오른발 앞쪽에서 미리 풀려 볼에 파워가 전달되지 않는다.

볼을 너무 강하게 치려다 보면 왼쪽 어깨가 빨리 열리면서 오른쪽 어깨의 회전도 빨라져 볼을 엎어 치게 된다.

어깨 방향은 어드레스에서와 같이 타깃라인과 평행하다. 어드레스와 임팩트 때 어깨의 방향은 같다.

30~45도

다운스윙에서는 허리 회전이 먼저 이루어지기 때문에 임팩트 동작에서는 어드레스 때보다 허리가 열려 있다.

체중이 왼발에 많이 실리고 허리는 30~45도 열린다.

타깃라인

단계별 스윙 11

클럽을 목표 방향으로 던지듯 휘두른다

팔로스루는 클럽헤드로 원을 크게 그리는 느낌으로 해야 한다.

왼팔을 자연스럽게 펴주면 시원하게 펼쳐지는 느낌으로 클럽을 휘두를 수 있다

팔로스루는 임팩트를 통과하여 피니시로 진행하는 구간이다. 먼저 1장에서 소개했던 양손으로 볼을 쥐고 멀리 던지는 느낌으로 팔을 휘두르는 연습을 떠올려보자. 이와 같이 팔로스루 구간에서 헤드 스피드가 최고가 되도록 목표 방향으로 클럽을 내던져 양팔이 활짝 펴지는 느낌으로 휘두른다.

팔로스루 동작에서 왼쪽 팔꿈치가 뒤로 빠지거나 왼쪽 어깨가 멈추면 스윙의 크기가 작아지므로 왼쪽 겨드랑이를 열어주면서 왼팔을 곧게 편다는 느낌으로 휘두르는 것이 좋다. 그러면 클럽의 원심력이 작용하여 피니시까지 어깨와 허리가 한 번에 시원하게 회전한다.

왼팔을 쭉 펴준다는 느낌으로 휘두른다.

팔로스루는 왼손으로 클럽을 끝까지 휘두른다는 느낌이 들도록 하는 것이 중요하다.

왼쪽 팔꿈치가 뒤로 빠지면 원을 크게 그릴 수 없어 스윙의 크기가 작아진다.

상체가 목표 방향으로 쏠리면 클럽을 내던지는 스윙을 할 수 없어 스윙의 크기와 스피드가 떨어진다.

단계별 스윙

12 왼발로만 설 수 있는 피니시 자세를 만든다

클럽을 끝까지 휘두른 다음 오른발 뒤꿈치를 가볍게 들어보자

피니시는 스윙의 종착점이다. 피니시 자세가 안정되면 결과적으로 스윙 궤도도 일정하게 되어 굿 샷이 될 확률이 높아진다.

피니시의 이상적인 모습은 몸 전체가 왼발에 올라타는 느낌이 들도록 하는 것이다. 체중의 90%는 왼발에 실리고 가슴과 오른쪽 무릎, 오른쪽 발등이 목표를 가리켜야 한다. 사진과 같이 정면에서 바라보면 머리, 오른쪽 어깨, 오른쪽 허리, 왼쪽 무릎, 왼발을 연결하는 라인이 정확히 I자형으로 보인다. 클럽을 끝까지 휘두른 후에 오른발을 살짝 들어도 균형을 잃지 않고 서 있을 수 있는 자세를 만들도록 하자.

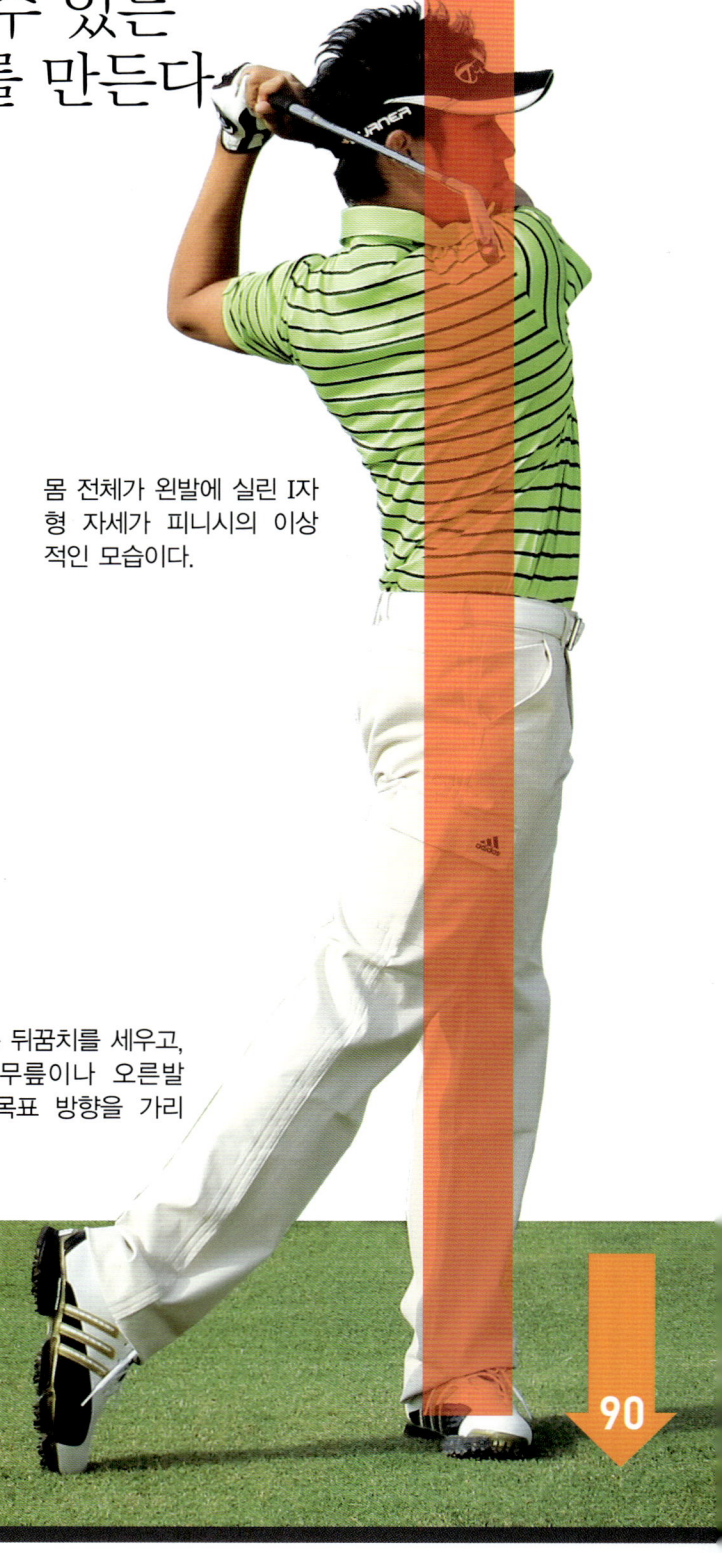

몸 전체가 왼발에 실린 I자형 자세가 피니시의 이상적인 모습이다.

오른발은 뒤꿈치를 세우고, 오른쪽 무릎이나 오른발 발등은 목표 방향을 가리킨다.

NG!

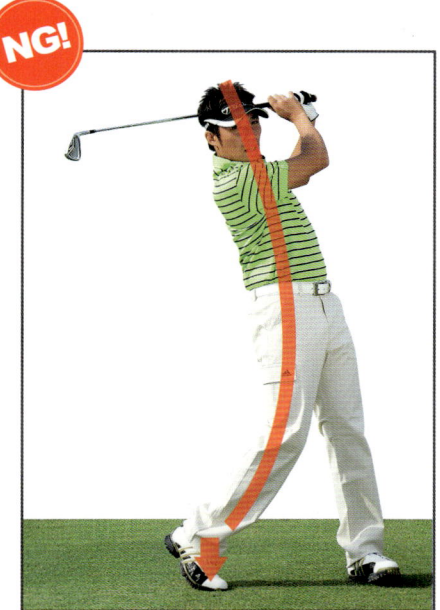

체중이 오른발에 많이 남으면 역 C자형 피니시 자세가 되며 클럽을 크게 휘두르지 못한다.

NG!

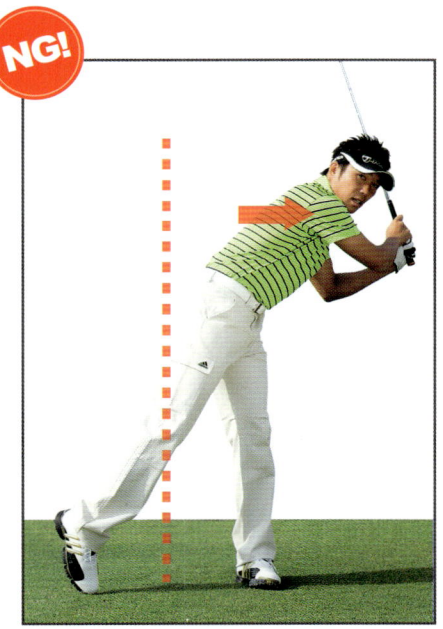

상체가 목표 방향으로 쏠려도 안정된 피니시를 만들 수 없다.

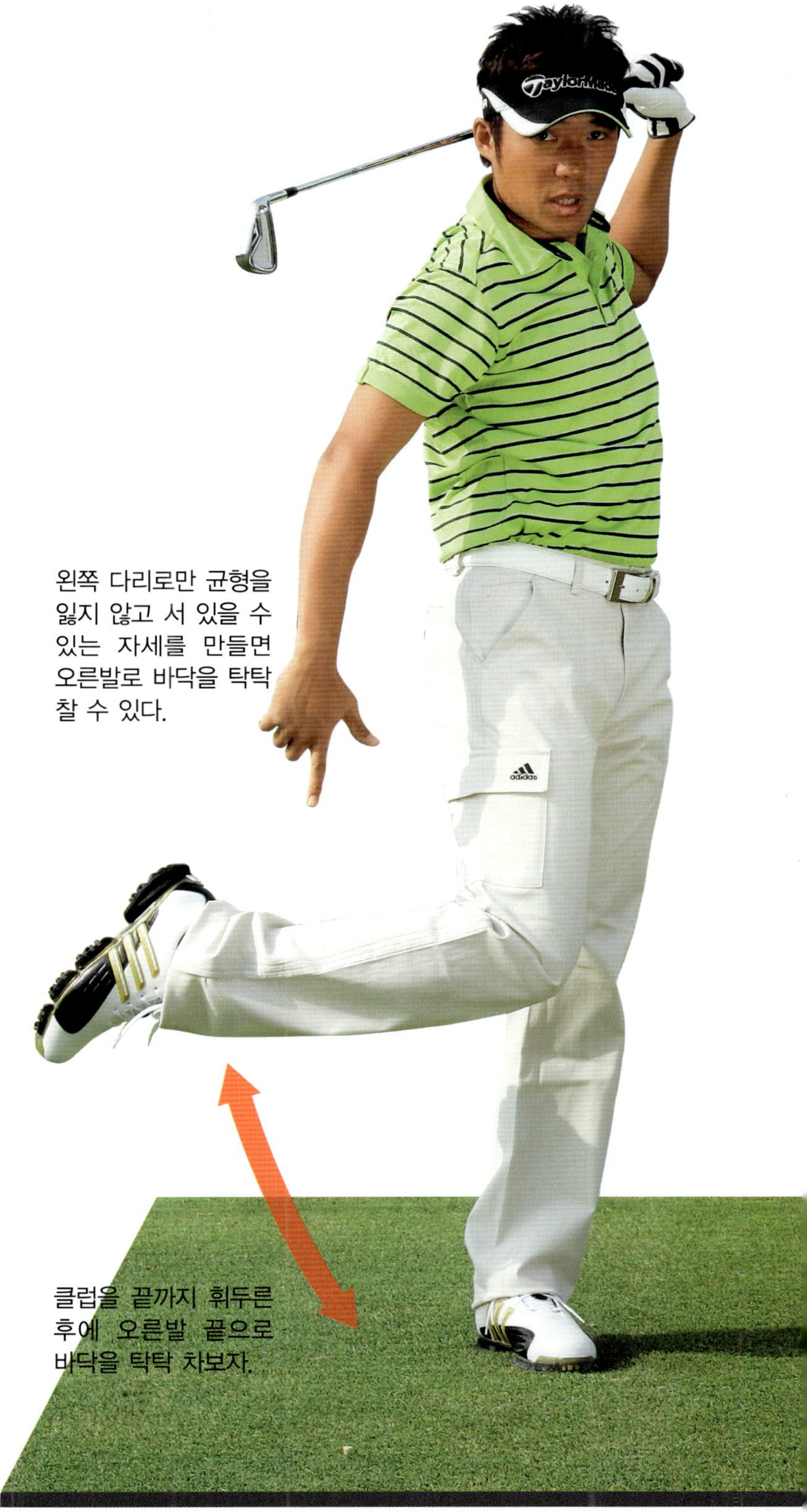

왼쪽 다리로만 균형을 잃지 않고 서 있을 수 있는 자세를 만들면 오른발로 바닥을 탁탁 찰 수 있다.

클럽을 끝까지 휘두른 후에 오른발 끝으로 바닥을 탁탁 차보자.

단계별 스윙

13 좋은 리듬감이 좋은 스윙을 만든다

하나

둘

클럽을 수평하게 들고 어드레스를 취한 상태에서 '하나'

백스윙 방향으로 상체를 크게 회전시키며 '둘'

각 동작에 리듬을 붙여 전체 스윙을 완성한다

스윙을 완성하기 위해 올바른 동작 하나하나를 습득하는 것은 중요하다. 하지만 전체 동작을 리드미컬하게 완성해야 적절한 타이밍에 볼을 칠 수 있다. 어떤 때는 스윙의 템포가 빠르고 어떤 때는 느리다면 스윙의 속도가 일정하지 않아 임팩트의 정확도가 떨어져 다양한 미스 샷을 유발하게 된다.

　스윙 전체 동작에 리듬감을 주기 위해 '셋' 까지 세면서 스윙을 해보자. 먼저 클럽을 어깨 높이로 들어 올린 상태에서 '하나', 백스윙을 크게 하면서 '둘', 그리고 '셋' 에서 다운스윙을 하며 몸을 목표 방향으로 크게 회전시킨다.

'셋' 에서 허리와 어깨를 함께 회전시켜서 피니시까지 진행한다.

단계별 스윙 14 부드러운 체중이동이 스윙 스피드를 높인다

왼발을 가볍게 들면서 백스윙을 한다.

상체는 백스윙톱 자세를 유지하면서 왼발을 원래 위치로 보낸다.

왼발로 바닥을 지긋이 밟으면서 체중을 이동시킨다

부드러운 체중이동은 어깨와 허리 회전을 원활하게 하고, 클럽의 속도감을 향상시키는 데 도움이 된다. 백스윙에서는 오른발에 체중이 실리고, 다운스윙을 시작할 때는 체중이 왼발로 옮겨지면서 왼발로 바닥을 확실하게 지탱하며 스윙을 진행한다.

이런 느낌을 익히기 위해서는 제자리에 서서 발을 번갈아가며 바닥을 밟는 연습을 하면 효과적이다. 마치 타석에 들어선 타자가 배트를 휘두르듯 왼발을 공중에 들면서 백스윙을 하고, 왼발을 원위치시키고 바닥을 지긋이 밟은 다음 클럽을 휘두른다. 실제 샷을 할 때는 이 정도로 과도하게 하체를 움직이지는 않지만, 이러한 동작이 체중이동의 느낌을 확실히 알 수 있게 하므로 클럽을 시원스럽게 끝까지 휘두를 수 있다.

왼발로 바닥을 디딘 다음 다운스윙을 시작한다.

클럽헤드의 가속도를 느끼며 피니시까지 한 번에 휘두른다.

단계별 스윙

15 인사이드인 궤도로 스윙한다

임팩트 구간의 궤도를 안정적으로 만드는 것이 중요하다

임팩트 순간의 클럽헤드의 궤도와 클럽페이스의 방향이 샷의 방향과 볼의 휘어짐을 결정한다. 임팩트는 눈 깜짝할 사이에 이루어지기 때문에 순간적으로 클럽페이스의 방향을 컨트롤한다는 것은 불가능에 가깝다. 따라서 클럽헤드의 궤도를 일정하게 유지하는 것에 중점을 두도록 하자.

클럽헤드의 올바른 궤도는 타깃 안쪽에서 내려와 임팩트를 한 다음 다시 타깃 안쪽으로 향하는 것이다(인사이드인 궤도). 하프스윙 연습을 하면 이러한 궤도를 쉽게 파악할 수 있다. 이러한 인사이드인 궤도를 머릿속으로 그리다 보면 결과적으로 임팩트 순간 클럽페이스의 방향이 일직선이 될 확률이 높아져서 안정된 샷을 구사할 수 있게 된다.

볼이 목표 방향으로 똑바로 날아가게 하기 위해 인사이드인 궤도를 연습하자.

타깃라인

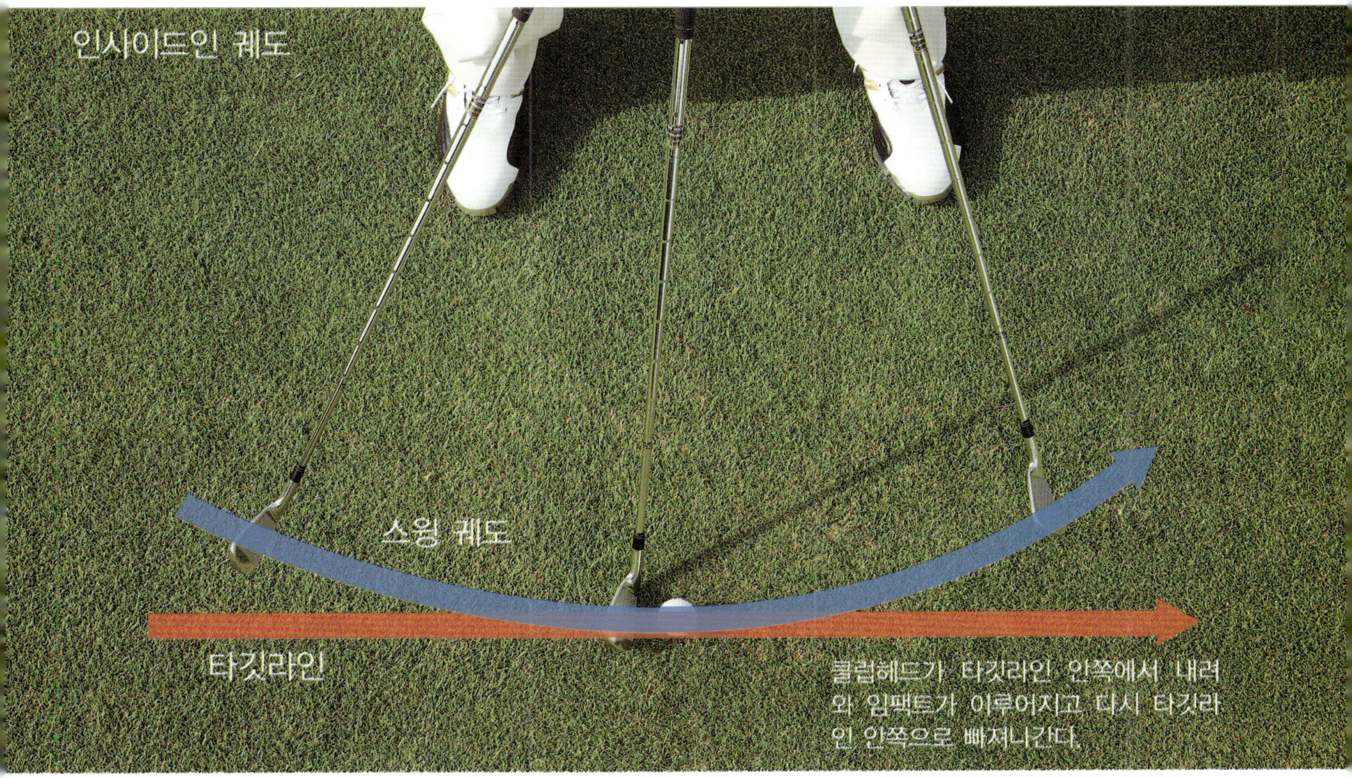

인사이드인 궤도

클럽헤드가 타깃라인 안쪽에서 내려와 임팩트가 이루어지고 다시 타깃라인 안쪽으로 빠져나간다.

인사이드인 궤도는 임팩트를 정점으로 완만한 타원형의 궤도가 그려진다. 스윙을 하는 동안 클럽헤드가 한 번이라도 타깃라인 바깥으로 나가지 않도록 하는 것이 이상적이다.

NG! 아웃사이드인 궤도

타깃라인 바깥쪽에서 안쪽으로 휘두르고 있는 궤도. 볼은 목표물의 왼쪽을 향해 날아가게 된다.

NG! 인사이드아웃 궤도

타깃라인 안쪽에서 바깥쪽으로 휘두르는 궤도. 볼은 목표물의 오른쪽을 향해 날아가게 된다.

스윙 연속 동작-정면

스탠스는 어깨 너비만큼 벌린다. 볼은 스탠스 중앙에서 조금 오른쪽에 놓는다.

어깨와 팔의 일체감을 느끼면서 테이크어웨이를 한다.

왼쪽 어깨를 오른쪽으로 크게 회전시키며 상체를 비튼다.

다운스윙은 허리를 왼쪽으로 이동시키며 왼발로 바닥을 밟으면서 시작한다.

스윙 연속 동작-위

어드레스에서는 어깨, 허리, 무릎, 스탠스를 타깃라인과 평행하게 한다.

인사이드 궤도로 테이크 어웨이를 한다.

허리가 되돌아오면서 허리와 타깃라인이 평행해진다.

임팩트 순간에는 어깨와 타깃 라인이 거의 평행하지만 허리는 열려 있다.

클럽을 목표 방향으로 던지듯 시원하게 스윙한다.

스윙 연속 동작-오른쪽 측면

척추를 곧게 펴고, 양팔의 힘을 뺀 채 팔을 늘어뜨려 편안한 상태를 만든다.

어깨회전에 따라 타깃라인 안쪽으로 클럽이 올라가도록 한다. 손의 위치는 박스를 벗어나면 안 된다.

클럽샤프트가 지면과 평행일 때 클럽페이스와 척추라인은 평행해야 한다.

다운스윙은 하체의 리드에 따라 오른쪽 어깨가 앞으로 나아가지 않고 제자리에서 떨어지며 시작한다.

인사이드인 궤도로 임팩트를 한다.

72 처음 배우는 골프

스윙 연속 동작-왼쪽 측면

무릎을 살짝 구부리고 발바닥으로 균형을 잡는다. 양손은 허벅지로부터 주먹 한 개 정도의 간격을 둔다.

백스윙은 손으로 하는 것이 아니라 어깨 회전을 이용하여 일체감 있게 이루어져야 한다.

다운스윙을 할 때 허리와 왼쪽 무릎이 먼저 돌아온다.

가슴이 열리는 속도를 최대한 늦추면서 클럽이 내려오도록 한다.

어깨와 팔이 만드는 삼각형을 유지하면서 임팩트를 하고, 양팔을 계속 곧게 펴준다.

몸의 회전을 이용하여 목표의 왼쪽 방향으로 클럽을 끝까지 휘두른다.

PART 03
드라이버에서 숏 아이언까지 배우기

이번 장에서는 드라이버에서 숏 아이언까지의 스윙을 배워보도록 한다. 7번 아이언을 이용하여 기본 스윙을 익혀두면 다른 클럽의 스윙도 쉽게 마스터할 수 있다.

드라이버

01 비거리 욕심보다는 페어웨이 안착이 우선이다

드라이버는 14개의 클럽 중에서 원심력이 가장 크게 작용하는 클럽으로 비거리가 가장 멀리 나온다.

티 샷은 OB 지역과 같은 위험 지역을 피하는 것이 첫 번째 원칙이다

드라이버는 거리가 긴 롱 홀의 티잉 그라운드(Teeing Ground)에서 제1타를 칠 때 사용하는 클럽으로, 비거리를 내는 것을 목적으로 한다. 14개 클럽 중에서 제일 가볍지만 샤프트가 가장 길고 원심력을 크게 만들어 낼 수 있다. 하지만 볼을 멀리 친다는 생각을 하기 이전에 볼을 어느 곳으로 보내야 할지 목표를 정하는 것이 우선이다.

코스에는 벙커(Bunker)나 워터 해저드(Water Hazard), OB(Out of Bounds) 등 위험한 지역이 많이 있다. 따라서 볼을 페어웨이에 안전하게 올리는 것이 목표이다. 예컨대 다음 페이지의 사진에서처럼 페어웨이(Fairway)의 오른쪽에 OB 구역이 있는 경우 볼이 오른쪽으로 잘 휘는 슬라이스 구질인 사람이라면 페어웨이 중앙보다는 왼쪽을 노리고 공략하도록 하자.

드라이버

02 정확한 어드레스를 하려면 동작의 순서를 지켜라

어드레스는 가장 자연스러운 차려 자세를 만드는 것에서 시작한다

어드레스를 할 때 가장 중요한 점은 일정한 동작을 순서대로 하는 것이다. 동작 순서를 잘 지키면 목표에 대하여 바른 자세를 취할 수 있게 된다. 어드레스를 하기 전에 먼저 볼을 보낼 목표를 정한 다음 눈대중으로 목표와 티잉 그라운드를 직선으로 연결하는 타깃라인을 그려본다. 그리고 무엇이건 간에 티잉 그라운드 위에서 자신의 표식이 될 만한 것(낙엽이나 긴 풀 등)을 찾아본다. 그 다음 표식이 라인 선상에 오도록 위치를 잡고 라인 후방에서 티업을 한다. 그리고 가슴을 편 자세로 볼의 후방에 서서 다시 한 번 목표와 볼을 연결하는 타깃라인을 그려본다. 그 다음 어드레스를 취할 때 먼저 클럽페이스를 볼에 대해서 직각으로 맞춘다. 드라이버는 볼을 왼발 뒤꿈치 안쪽 선상에 놓으므로 자연스러운 차려 자세에서 오른발만 넓혀 스탠스를 취하도록 한다.

낙엽이나 디봇(Divot) 자국 등 가상의 목표가 될 만한 것을 먼저 찾은 다음 티업을 한다.

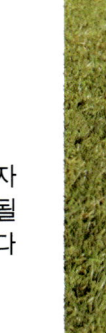

타깃라인

클럽을 가슴 앞에서 쥐고 양쪽 팔꿈치 높이를 수평으로 만들자.

타깃라인 후방에서 목표를 바라볼 때는 척추를 수직으로 곧게 편다.

타깃라인

볼의 후방에서 목표를 바라보면 볼과 목표를 연결하는 비구선을 명확하게 그릴 수 있다.

NG!

등이 구부러지면 안정적인 어드레스를 만들 수 없다.

자연스러운 차려 자세를 취하고 볼이 양쪽 발 중앙에 오도록 선 다음 오른발만 어깨너비 정도로 넓혀준다.

PART 03 드라이버에서 숏 아이언까지 배우기 81

드라이버

03

등을 곧게 펴고 오른쪽 어깨를 조금 내려준다

오른쪽 어깨를 살짝 기울여서 후방에서 볼을 바라보는 느낌을 가진다.

볼을 정확하게 칠 수 있는 각도로 볼을 내려다본다

드라이버는 7번 아이언보다 클럽의 길이가 길기 때문에 볼과의 거리를 조금 더 멀리 서고, 스탠스도 넓게 벌려준다. 여기서 주말골퍼들이 가장 자주 범하는 실수는 멀리 있는 목표만 보다보면 몸의 방향이 목표 방향과 일직선을 이룬다고 착각하기 쉽다는 점이다. 대부분의 주말골퍼들은 목표의 오른쪽 또는 왼쪽을 향하고 어드레스를 하는 경우가 대부분이다. 따라서 어드레스를 하기 전에 티잉 그라운드 위에 설정해 놓은 표식과 볼을 연결하는 일직선을 머릿속에 그리면서 몸과 목표 방향을 평행하게 만든다는 생각을 확실히 가져야 한다.

그리고 볼 후방에서 목표를 내려다볼 때 곧게 펴준 척추각도를 그대로 유지하면 안정감 있는 어드레스를 취할 수 있다. 하지만 볼을 위에서 내려다보면 자신도 모르게 체중이 왼발에 실리고 오른쪽 어깨가 바깥쪽으로 빠지기 쉬우므로, 볼을 시계에 비유한다면 볼의 3시와 6시 사이 부분을 바라본다는 느낌으로 어드레스를 한다.

드라이버는 6:4의 비율로 체중을 오른발 쪽에 약간 더 실어준다. 드라이버는 올라가는 스윙 궤도에서 임팩트가 이루어지기 때문이다. 참고로 숏 아이언은 반대이다.

7번 아이언 어드레스

7번 아이언의 스탠스는 어깨 너비가 적당하고, 볼의 위치도 스탠스 중앙에 가깝다.

오른쪽 어깨가 먼저 나가지 않도록 오른쪽 어깨를 조금 내려준다.

가장 적절한 티의 높이는 볼의 절반 정도가 클럽헤드 위로 올라오는 높이이다.

항상 동일한 높이로 티업을 하고자 하는 초보자는 자신에게 가장 적절한 높이의 티를 여러 개 준비하면 좋다.

7번 아이언 어드레스

7번 아이언은 드라이버보다 짧기 때문에 볼과 가깝게 서도록 한다.

목과 척추 라인은 일직선이 되도록 곧게 펴준다.

볼을 시계라 생각하고 3시와 6시 사이(붉은 부분)를 내려보도록 한다.

모든 스윙의 기본은 어깨의 힘을 빼고 스윙을 부드럽게 하는 것이다. 드라이버 역시 어깨의 힘을 빼고, 양팔이 자연스럽게 늘어지는 위치에서 그립을 한다.

드라이버는 클럽헤드가 스윙 궤도의 최하점을 지나 올라가는 궤도에서 임팩트가 이루어져야 한다. 그러나 볼을 볼 바로 위에서 내려다보면 체중이 왼발에 많이 실리게 되어, 올라가는 스윙 궤도에서 임팩트가 이루어지기 힘들어진다.

무릎을 살짝 구부려서 하체가 안정되도록 한다.

PART 03 드라이버에서 숏 아이언까지 배우기

드라이버

04 장타를 치려면
백스윙을 충분히 하라

백스윙을 하면서 다운스윙을 위한 힘을 비축한다

보통 비거리 욕심을 내는 주말골퍼들은 보면, 팔만 지나치게 오버스윙 되는 경우와 상체뿐만 아니라 허리까지 과도하게 회전되어 상체 꼬임의 의미가 없어져버리는 경우가 많다. 따라서 백스윙을 할 때는 무엇보다도 허리를 최대한 잡아주면서 상체를 확실히 회전시키는 것이 중요하다. 몸이 아닌 팔 힘으로만 볼을 치려고 하거나 볼을 정확히 때리려는 생각에 손으로만 클럽을 들어 올리면, 상체의 부족한 회전력을 손 힘으로 보완하려는 대체 동작이 나오게 된다.

따라서 테이크어웨이가 시작되면 왼팔을 자연스럽게 편 상태를 유지하면서 그대로 오른쪽으로 밀어주고, 백스윙을 하면서 등이 목표를 향할 때까지 상체를 비틀어준다. 왼손을 몸의 오른쪽 멀리 보낸다는 느낌으로 크게 휘두르면서 백스윙을 하면, 왼쪽 어깨의 회전이 자연스럽게 커지면서 왼쪽 어깨가 턱 밑까지 올 정도로 크게 돌아가는 것을 느낄 수 있다. 몸의 회전이 바로 장타를 위한 힘의 원천이며, 다운스윙 후에는 몸의 회전을 부드럽게 하는 것이 포인트이다.

90도 — 어깨는 90도 정도 회전해야 한다.

등이 목표를 향할 때까지 상체를 회전시킨다.

45도 — 허리는 45도 정도 회전해야 한다.

오른쪽 무릎은 어드레스 때의 위치를 그대로 유지해야 한다. 오른쪽 무릎이 밀려 오른쪽으로 돌아가면 그 만큼 백스윙의 힘이 축적되지 않는다.

NG! 손으로만 클럽을 들어 올리면 어깨 회전이 작아진다.

NG! 오른쪽 무릎이 펴지고 허리가 너무 돌아가면, 상체가 반대로 기울어진다.

테이크어웨이는 어깨와 팔이 이루는 삼각형을 유지하면서 시작한다.

왼손을 몸 오른쪽으로 멀리 보낸다는 느낌으로 백스윙을 하면서 손과 클럽의 각도는 90도를 이루도록 한다.

백스윙톱에서 클럽은 지면과 수평 상태를 이루는 것이 좋다.

백스윙톱에서는 왼손 엄지로 클럽을 확실하게 받쳐서 클럽이 휘청대지 않도록 지탱해준다.

왼팔을 지나치게 곧게 뻗으면 어깨에 힘이 잔뜩 들어가므로 살짝 구부러지더라도 자연스럽게 뻗어서 톱까지 들어 올린다.

왼팔이 지나치게 구부러지면 스윙 크기가 작아지고, 스윙 리듬이 깨질 수 있다.

드라이버 05
체중을 왼발에 싣고 어퍼 블로우로 스윙한다

임팩트 순간 힘을 효율적으로 전달할 수 있는 방법을 이해한다

대부분의 아마추어들은 장타를 치려는 생각이 강할수록 다운스윙을 할 때 손에 힘을 강하게 주고 클럽을 빨리 내려치는 경향이 있다. 그러나 7번 아이언으로 스윙 동작을 익힐 때처럼 체중이동을 위해 먼저 허리를 왼쪽으로 수평 이동하면서 체중을 왼발에 실은 다음 몸을 회전시켜야 비거리도 늘어난다. 비거리는 힘보다 스윙 스피드와 리듬이 더욱 큰 영향을 미친다는 사실을 기억해야 한다. 클럽을 급하게 휘두르며 볼을 내려치려고 하지 말고, 어릴 적 개울가에서 물수제비를 뜨기 위해 납작한 돌을 던지던 동작처럼 먼저 왼발로 바닥을 지긋이 밟으면서 허리를 왼쪽으로 이동하고 나서 팔을 천천히 휘두르도록 한다.

또한 드라이버는 볼의 위치가 왼발 뒤꿈치 안쪽 선상에 놓이게 되므로, 다운 블로우(Down Blow) 궤도가 아닌 어퍼 블로우(Upper Blow) 궤도로 치는 것이 기본이다. 즉, 클럽헤드가 스윙 궤도의 최하점을 통과한 직후 올라가면서 임팩트가 되도록 스윙하는 것이다.

체중이동을 위해 허리를 왼쪽으로 수평 이동한 다음 클럽이 내려오도록 한다.

체중을 왼발에 실을 상태에서 임팩트가 이루어져야 한다.

클럽헤드가 스윙 궤도의 최하점을 통과한 후 떠오르기 시작하는 시점에서 임팩트를 하게 된다.

볼을 왼발 뒤꿈치 안쪽 선상에 놓고 티업한 볼을 정확하게 치기 위해서는 어퍼 블로우 궤도가 이상적이다.

다운스윙 시작 시 허리를 수평 이동할 때 상체까지 왼쪽으로 움직이면 클럽이 예각으로 내려오면서 볼이 클럽페이스의 윗부분에 맞아 높이 뜨게 된다.

너무 의도적으로 어퍼 블로우 스윙을 하려다 보면 다운스윙 때 체중이 오른발에 남으면서 볼이 클럽페이스 아래쪽에 맞아 볼이 낮게 가게 된다.

PART 03 드라이버에서 숏 아이언까지 배우기

드라이버

06 왼손 스윙 연습으로 몸의 힘을 빼보자

왼손을 잘 활용하면 오른손에 과도한 힘이 들어가는 것을 막을 수 있다

드라이버 샷의 실수를 유발하는 가장 큰 원인은 손에 힘이 들어가는 것이다. 볼을 멀리 보내고 싶다는 생각에 몸에 힘이 들어가면, 임팩트 순간에 왼쪽 어깨가 먼저 열리거나 스윙 크기가 작아져 오히려 비거리가 짧아지는 역효과가 나타나게 된다. 또한 볼이 클럽페이스에 정확하게 맞을 확률도 낮아져 훅이나 슬라이스가 발생하기도 한다.

따라서 특히 거리를 많이 내야 하는 드라이버의 경우는 힘을 빼고 스윙해야 한다. 몸의 힘을 빼기 위한 연습으로는 왼손으로 클럽을 쥐고 왼손으로만 스윙을 반복하는 방법이 있다. 이때 피니시 자세에서는 왼쪽 팔꿈치가 90도를 이루도록 한다. 이 연습을 통해 다운스윙을 할 때 발로 바닥을 지긋이 눌러주는 느낌, 임팩트 후에 헤드 스피드가 최대가 되는 느낌, 커다란 궤도로 부드럽게 휘두르는 느낌을 쉽게 이해할 수 있을 것이다.

왼손 스윙 연습은 부드러운 스윙 연습에 효과적이다.

왼손으로만 스윙을 하면, 스윙 궤도를 크게 그리면서 휘두르는 느낌을 연습할 수 있다.

양손으로 스윙을 할 때도 왼손 스윙 연습을 할 때의 느낌을 그대로 이어가면 된다.

피니시 자세에서 왼쪽 팔꿈치의 각도는 90도 를 이루도록 한다.

체중이 오른발에 남으면 스윙이 작아지고, 피니시 자세가 불안해진다.

왼손 스윙 연습도 피니시 동작에서 왼쪽 팔꿈치가 왼쪽 어깨 높이까지 오도록 크게 휘두른다. 이 상태에서 오른손을 왼손에 가져다 되면 피니시 동작이 만들어진다.

PART 03 드라이버에서 숏 아이언까지 배우기 89

드라이버

07 헤드 스피드를 높이려면
그립을 부드럽게 잡아라

클럽헤드의 스피드는 임팩트 이후에 최대가 되야 한다.

클럽헤드가 가속되는 느낌을 받으면 힘들이지 않고도 볼을 멀리 칠 수 있다

장타를 치기 위한 가장 중요한 포인트는 헤드 스피드이다. 물론 안정적인 궤도로 휘두르고, 클럽페이스 가운데로 볼을 정확하게 맞추는 것도 중요하다. 그러나 근력이 약한 사람도 볼을 어느 정도 멀리 치기 위해서는 헤드 스피드를 높이는 것이 가장 중요하다.

헤드 스피드를 빠르게 하기 위한 포인트는 그립을 너무 세게 쥐지 않는 것이다. 악력은 사람마다 다르지만 그립을 쥐고 클럽을 들어 올렸을 때 클럽의 무게가 느껴질 정도로 부드럽게 쥐도록 한다. 그리고 클럽을 좌우로 휘둘러보았을 때 클럽헤드의 원심력이 양손에 전달되는 느낌이 들도록 힘을 조절한다. 그 상태에서 클럽을 멀리 내던지는 느낌으로 스윙을 하면 클럽헤드에 가속도가 붙게 된다.

클럽의 무게가 느껴질 정도로 힘을 조절하면서 그립을 쥐면 헤드 스피드가 올라간다. 자신의 최대의 힘을 100이라고 하면, 2~3 정도의 힘으로 그립을 잡는다.

그립을 너무 세게 쥐면 어깨나 팔이 경직되어, 스윙 스피드가 떨어진다.

클럽을 멀리 내던진다는 느낌으로 부드럽게 끝까지 스윙한다.

페어웨이 우드

08 그린을 벗어날 경우에 대비하여 안전한 곳을 공략한다

우드는 사용하기 편한 클럽이지만, 거리가 잘 나오는 만큼 미스 샷도 많이 하게 된다

페어웨이 우드는 드라이버 다음으로 긴 클럽이다. 우드의 종류에는 3번, 5번, 7번, 9번, 11번 등이 있으며, 아이언과 마찬가지로 번호가 커질수록 볼이 잘 뜬다. 우드는 헤드 스피드가 빠르지 않은 사람도 볼을 잘 날릴 수 있다는 장점이 있어 특히 여성들이 자주 사용하는 클럽이다. 최근에는 일명 고구마라 불리는 하이브리드(Hybrid) 클럽 사용이 늘어나는 추세이다. 하이브리드는 아이언과 우드의 중간 형태로 헤드 크기가 우드보다 작아서 볼을 치기 쉽다는 장점이 있다.

페어웨이 우드는 볼을 치기 전에 벙커나 OB 등 위험한 지역을 잘 확인하고, 안전한 곳을 공략하도록 한다. 오른쪽 사진의 경우에는 그린의 핀을 직접 노리고 싶지만 혹시 볼이 왼쪽으로 향할 경우 벙커에 빠질 수도 있으므로 오른쪽의 안전한 장소를 목표로 삼는 것이 나을 수도 있다. 이 경우에도 볼이 날아가는 방향을 머릿속에 명확하게 그린 다음 그 방향에 맞춰 어드레스를 하도록 한다.

우드와 하이브리드는 파워가 부족한 사람도 볼을 쉽게 띄워 거리를 낼 수 있다는 장점이 있다.

3번 우드
5번 우드
5번 하이브리드

직접 핀을 노려도 좋지만 볼이 왼쪽으로 갈 경우 벙커에 빠질 위험이 크다.

벙커와 같은 장애물이 부담된다면 2번에 나눠 치더라도 안정한 장소를 목표로 정하고 샷을 하는 방법을 추천한다.

그린 주변의 상황을 충분히 확인하고, 어느 곳을 공략하는 것이 안전할지 판단한다.

페어웨이 우드

09 우드의 볼의 위치는 스윙 궤도의 최하점이다

드라이버 어드레스보다 스탠스의 폭을 조금 좁힌다

페어웨이 우드로 티 샷을 하는 경우도 있지만 대개는 세컨드 샷의 거리가 많이 남았을 경우 잔디 위에 있는 볼을 직접 치는 경우가 많다. 우드의 올바른 어드레스는 드라이버보다 스탠스를 조금 좁히고, 볼의 위치는 왼쪽 귀 앞쪽이 적당하다. 체중은 좌우 5:5로 균등하게 싣고, 클럽페이스를 살짝 오픈시키는 것이 좋다. 왜냐하면 클럽페이스를 직각으로 맞출 경우 클럽 솔의 뒷부분이 들려 아이언처럼 다운 블로우로 들어와 뒤땅이 발생할 수도 있기 때문이다. 우드나 유틸리티는 빗자루로 바닥을 쓸듯 쓸어 치는 사이드 블로우 스윙을 하는 것이 좋다.

우드로 티 샷을 할 경우의 티의 높이는 볼과 잔디 사이에 손가락 하나가 들어갈 정도가 적당하다.

오른쪽 어깨가 조금 내려오도록 어드레스를 취한다.

양손의 위치는 왼쪽 허벅지 안쪽이다.

체중분배는 좌우 5:5로 균등하게 둔다.

볼의 위치는 왼쪽 귀 앞이 적당하다.

페어웨이 우드

10 어드레스의 척추각도를 스윙 내내 유지하라

스윙을 하는 동안 척추각도를 유지해야 정확도를 높일 수 있다

스윙을 하는 동안에는 어드레스의 척추각도를 최대한 유지하고, 척추각도를 중심으로 몸을 좌우로 회전시켜야 한다. 즉, 앞으로 곧게 숙인 척추를 중심으로 어깨를 좌우 직각으로 회전시키는 느낌으로 스윙하는 것이다.

페어웨이 우드는 약간의 뒤땅이나 탑볼을 치더라도 큰 미스 샷이 나오지 않는다. 따라서 의도적으로 볼을 띄워 보내려다가 다운스윙 때 몸의 왼쪽 부분이 들리지만 않는다면 어느 정도의 비거리는 보장된다. 페어웨이 우드 대신 유틸리티를 사용할 때도 마찬가지이다.

백스윙 중에는 척추각도를 그대로 유지한다.

백스윙톱에서 양쪽 팔꿈치의 높이는 동일하다.

다운스윙 때에도 척추와 무릎의 각도를 계속 유지한다.

클럽을 어깨 뒤에 메고 척추각도를 만든 다음, 척추를 중심으로 상체를 좌우 회전시키는 연습을 하면 척추각도를 유지하는 데 효과적이다.

볼을 때린다는 생각보다는 클럽 헤드가 볼을 거침없이 지나간다는 느낌으로 스윙을 해야 한다.

볼을 의도적으로 띄워 보내려는 생각이 강하면 다운스윙 때 오른쪽 어깨가 아래로 처져 뒤땅이 발생하게 된다.

페어웨이 우드

11 볼을 옆으로 쓸어낸다는
느낌으로 스윙하라

솔의 기능을 최대한 활용한다

페어웨이 우드는 클럽헤드에 솔이라고 불리는 바닥면이 아이언에 비해 매우 넓다. 이렇게 폭이 넓은 솔 부분에 스윙을 부드럽게 해주는 비밀이 숨겨져 있다. 위에서 아래로 내려치는 다운 블로우나 아래에서 위로 퍼올리는 어퍼 블로우 스윙으로는 솔의 면을 활용할 수가 없다. 따라서 볼을 옆으로 쓸어 친다는 느낌으로 스윙을 하면, 우드의 넓은 솔이 잔디 위를 미끄러져 나가며 클럽헤드에 가속도가 붙어 피니시를 향하게 된다.

약간의 뒤땅이나 탑볼 실수를 하더라도 큰 미스 샷으로 이어지지 않는 비결이 바로 이 때문이다. 솔을 효과적으로 활용하면 페어웨이 우드는 당신의 큰 무기가 될 수 있다.

클럽헤드가 볼에 닿기 조금 전부터 솔이 잔디 위로 미끄러지도록 한다.

우드는 아이언보다 솔의 폭이 넓어 스윙이 쉽다는 장점이 있다.

●페어웨이 우드 스윙 연속 동작

테이크어웨이 | 백스윙 | 백스윙톱

볼을 멀리 치려는 생각보다는, 7번 아이언 스윙을 연장한다는 느낌으로 볼을 확실하게 치는 것을 피니시로 삼는다.

위에서 볼을 눌러 치는 느낌으로 스윙을 하면 클럽 헤드가 임팩트에서 막혀 버린다.

볼을 의도적으로 띄우려고 하면 오른쪽 어깨가 처지거나 손목이 틀어진다.

팔로스루에서는 클럽헤드의 끝부분이 위쪽을 향하도록 손목 턴을 해준다.

클럽헤드를 낮고 길게 밀어주면, 클럽헤드가 일직선으로 움직이는 구간이 늘어나면서 그만큼 미스 샷도 줄어든다.

빗자루로 볼을 쓸어낸다는 느낌이 들도록 스윙하는 것이 포인트이다.

다운스윙 ▶ 임팩트 ▶ 팔로스루 ▶ 피니시 ▶

미들 아이언

12 벙커 등 장애물을 피하면서 그린을 공략한다

**일단 그린의 한 가운데를
노리는 것이 가장 안전하다**

미들 아이언으로 샷을 할 때는 핀의 위치뿐만 아니라 그린 주변의 상황을 확인하는 것이 중요하다. 볼을 그린으로 올릴 확률을 높이기 위해서는 핀의 위치에 상관없이 그린 한 가운데를 노리고 치는 것이 가장 좋다. 그래야 볼이 좌우로 약간 휘더라도 그린 가장자리에는 멈출 확률이 높고, 그린 중앙으로 잘 올라갈 경우에는 핀의 위치에 관계없이 2퍼트 이내에 홀 아웃(Hole Out) 시킨다는 계산을 할 수 있다.

다만 사진에서처럼 핀의 위치가 좌측이고 볼을 왼쪽으로 휘게 칠 경우, 그린 바로 왼쪽에 있는 벙커에 빠질 수도 있으므로, 불안한 경우에는 머릿속으로 그린을 이등분하고 우측 절반을 공략한다면 온그린 성공률이 높아진다.

6~8번 아이언은 그린을 직접 공략하기 위한 클럽이다.

100 처음 배우는 골프

한 쪽에 벙커 등의 장애물이 있다면 그린을 이등분하여 안전한 쪽을 목표로 하는 것이 바람직하다.

핀을 직접 노리다가 벙커에 빠질 수도 있다면, 핀을 노리지 않는 전략도 필요하다.

프리 샷 루틴은 어떤 클럽으로 볼을 치든 같다. 따라서 어드레스를 하기 전에 안전한 장소와 볼을 연결하는 타깃라인을 머릿속으로 명확하게 그리고 스윙에 임한다.

미들 아이언

13 클럽페이스를 기준으로 올바른 어드레스를 만든다

방향과 거리의 오차를 줄이는 것이 최우선이다

어드레스를 할 때는 먼저 클럽페이스가 목표를 똑바로 향하게 하고, 왼발, 오른발 순서로 스탠스의 위치를 정한다. 클럽페이스와 목표 방향을 맞출 때는 리딩에지로 불리는 클럽페이스의 가장 아래쪽 라인이 타깃라인과 직각이 되도록 해야 한다.

클럽페이스와 타깃라인을 기준으로 스탠스, 무릎, 허리, 어깨를 평행하게 세팅한다. 이렇게 해도 몸의 방향을 어떻게 해야 할지 잘 모르겠다면, 어드레스를 하고 나서 양쪽 발뒤꿈치 라인에 클럽을 놓아보자. 클럽이 향하는 방향이 몸의 방향과 일치하므로 올바른 몸의 방향을 알 수 있다.

정면에서 봤을 때 척추는 거의 일직선이다.

파3홀에서 티샷을 할 때는 티업한 볼의 높이가 지면에서 살짝 뜨는 정도가 적당하다.

리딩에지를 타깃라인과 직각으로 세팅한다. 볼을 수직 위에서 내려다보는 느낌으로 자세를 취한다.

볼의 위치는 스탠스 중앙이며 왼쪽 눈으로 바라볼 수 있는 위치가 적당하다.

어드레스를 한 다음 양쪽 발뒤꿈치 라인에 클럽을 두고, 클럽이 어느 방향을 가리키는지 체크해보면 어드레스의 방향을 확인할 수 있다.

왼쪽 어깨가 목표를 향하면, 몸 전체는 오른쪽을 향하기 쉬우므로 주의해야 한다.

타깃라인에 대해 스탠스, 무릎, 허리, 어깨가 평행하도록 세팅한다.

스탠스 라인

타깃라인

미들 아이언

14 아이언의 임팩트는 스윙 궤도 최하점 직전에 이루어진다

피니시를 할 때 균형이 잘 잡히도록 주의한다

아이언 샷도 백스윙톱에서 등이 목표를 가리킬 때까지 상체를 충분히 회전시켜야 한다. 그리고 왼발에 체중을 싣고 나서 왼쪽 눈앞에 둔 볼을 향해 다운스윙을 시작한다.

드라이버는 클럽헤드가 스윙 궤도의 최하점을 지난 직후(어퍼 블로우 샷)에 임팩트가 이루어지고, 페어웨이 우드는 스윙 궤도의 최하점에서 임팩트가 이루어진다. 반면에 아이언은 클럽헤드가 스윙 궤도의 최하점에 도달하기 직전(다운 블로우 샷)에 볼을 치게 된다. 하지만 볼을 치는 시점에서 스윙을 마치는 것이 아니라, 클럽헤드를 가속시켜 체중을 완전히 왼발에 실어 피니시까지 한 번에 휘두르도록 한다.

●클럽별 임팩트 위치

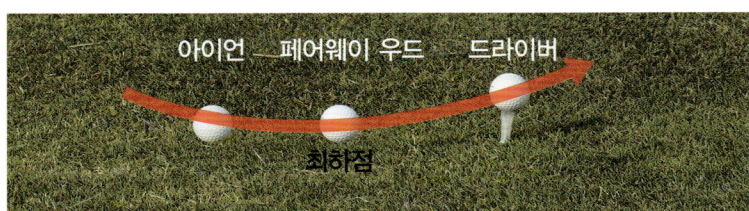

아이언 샷은 클럽헤드가 볼을 친 후에 최하점에 도달한다(볼의 왼쪽).

아이언은 클럽헤드가 스윙 궤도의 최하점에 도달하기 직전에 임팩트가 이루어진다.

오른쪽 무릎을 고정시키고, 오른쪽 어깨가 턱밑까지 들어오도록 90도 가까이 회전시킨다.

체중을 왼발에 실으면서 다운스윙을 시작한다.

다운 블로우 궤도로 임팩트를 한다.

클럽페이스 아래부터 2~3번째 홈(그루브) 근처에서 볼이 맞아야 이상적인 임팩트이다.

다운스윙 때 손목코킹이 빨리 풀리면 뒤땅이 발생한다.

임팩트 직후 클럽헤드의 가속도를 따라서 피니시까지 거침 없이 휘두른다.

PART 03 드라이버에서 숏 아이언까지 배우기

숏 아이언

15 핀을 노리기 쉬운 상황이라면 적극적으로 공략하라

숏게임은 방향도 중요하지만 거리감이 우선이다

숏 아이언은 그린에 볼을 올리기 위한 클럽이지만 경우에 따라서는 핀을 직접 공략하기도 하는 클럽이다. 물론 그린 주변 상황에 따라 그린에 안착시킬지 핀을 직접 공략할지가 달라지지만, 안정적인 게임 운영을 하기 위해서는 가능한 그린의 중앙을 노리도록 하자.

핀까지의 거리가 가까울수록 샷을 정확한 방향으로 하는 것이 중요하지만, 방향보다 더 중요한 것이 거리감을 컨트롤하는 것이다. 따라서 평소 연습장에서 9번 아이언과 3개의 웨지의 비거리가 어느 정도인지 확실하게 파악해 두어야 한다. 숏 아이언은 비거리가 중요한 클럽이 아니라 클럽별로 일정한 거리를 지속적으로 친다는 생각을 가져야 한다.

9번 아이언과 3개의 웨지는 거리감이 중요한 클럽이다.

숏 아이언

16 왼팔과 클럽샤프트를 일직선으로 유지한다

짧은 클럽일수록 볼을 놓는 위치는 스탠스 중앙에서 오른발 쪽에 가까워진다

숏 아이언처럼 클럽이 짧아질수록 스탠스가 어깨너비 보다 좁아지고, 볼의 위치는 스탠스 중앙에서 오른발 쪽에 가까워진다. 다만 양손의 위치는 드라이버부터 숏 아이언까지 모두 왼쪽 허벅지 안쪽 앞이다. 따라서 양손의 위치를 바꾸지 말고 클럽이 짧아질수록 볼을 스탠스 중앙에서 오른발쪽으로 옮겨 놓으면 핸드 퍼스트 자세로 볼을 자연스럽게 다운 블로우로 칠 수 있다.

또한 짧은 클럽이더라도 어깨 회전을 충분히 시켜 스윙을 해야 한다. 다음 페이지의 사진과 같이 클럽을 어깨와 평행하게 든 상태에서 부드러운 체중이동과 함께 몸이 잘 회전되는지 체크하도록 한다.

왼팔과 클럽이 일직선이 되는 자세를 만든다.

볼의 위치는 스탠스 중앙에서 오른발 쪽에 가까워진다.

클럽의 길이가 짧은 만큼 볼과 가깝게 자세를 취해야 하며, 양팔을 자연스럽게 늘어뜨리는 것은 어떤 클럽이든 기본이다.

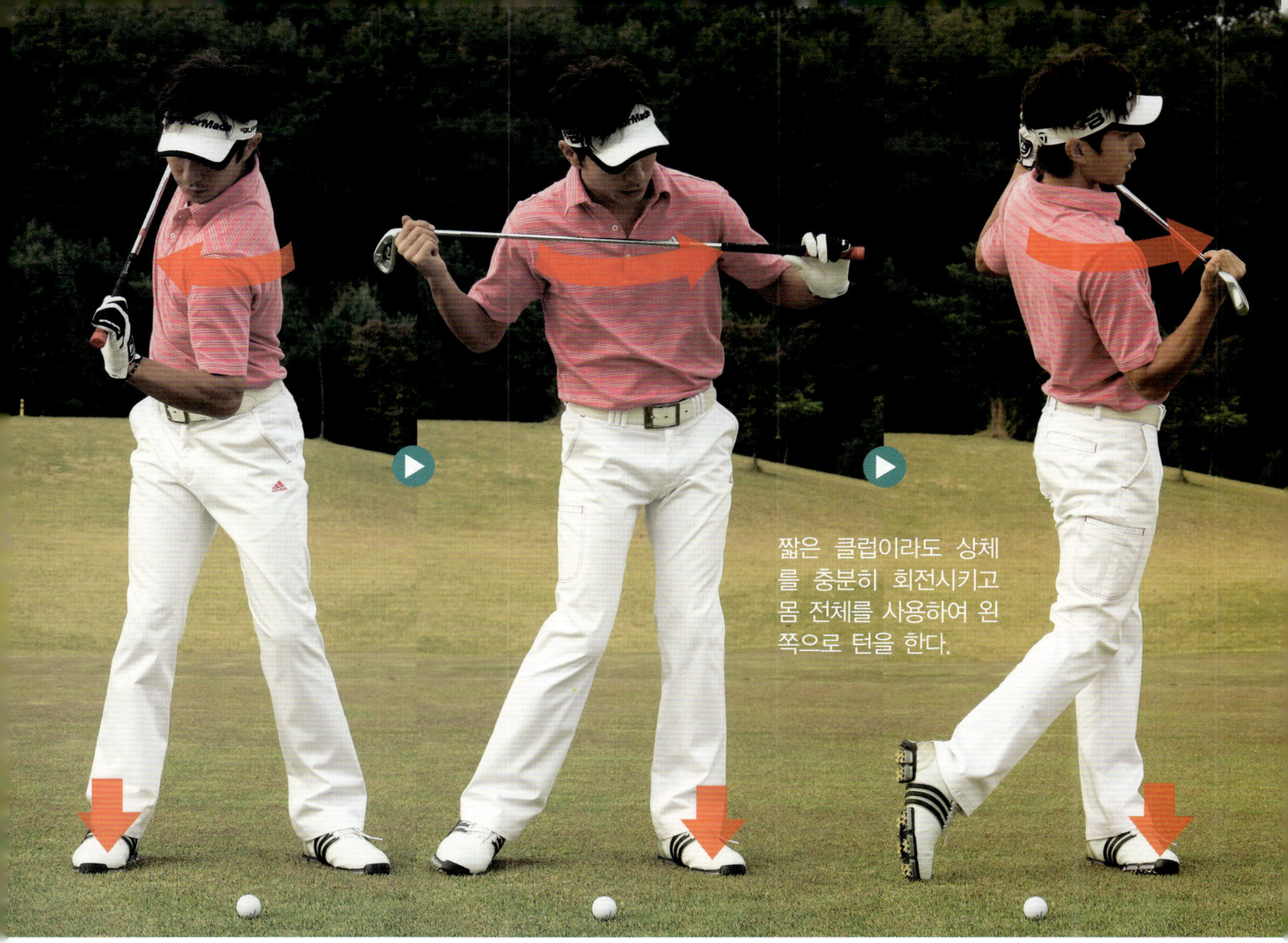

짧은 클럽이라도 상체를 충분히 회전시키고 몸 전체를 사용하여 왼쪽으로 턴을 한다.

클럽을 어깨 높이로 들고 체중을 오른쪽에 실으면서 상체를 회전시키고, 다운스윙 후에는 몸 전체를 회전시키면서 체중이 왼발에 실리도록 한다.

하체를 움직이지 않고 손으로만 볼을 치려고 하면, 어깨 회전이 충분히 이루어지지 않아 다양한 미스 샷이 발생한다.

다운스윙 궤도가 지나치게 가파르면 뒤땅이 발생하기 쉽다.

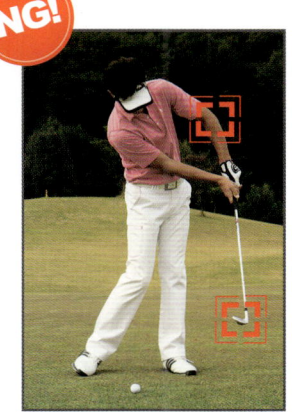

왼쪽 팔꿈치가 빠지는 일명 닭날개 동작이 나오면 클럽페이스가 일찍 들리게 되어 탑볼이 발생하게 된다.

숏 아이언

17 백스윙톱과 피니시는 간결하게 하라

짧은 클럽이라도 몸을 충분히 회전시키는 것이 중요하다

보다 정확한 거리감을 위해 숏 아이언은 미들 아이언보다 스윙을 간결하게 하는 것이 좋다. 단, 스윙을 간결하게 하라고 해서 손으로만 클럽을 휘둘러서는 안 된다. 상체를 확실하게 회전시키면서 어깨와 팔이 연동되는 것을 느끼며 스윙을 해야 한다. 따라서 어드레스에서의 손목 각도를 유지하면서 백스윙을 하고, 샤프트가 지면과 평행을 이루기 직전에 백스윙을 멈추면 된다. 피니시도 백스윙과 마찬가지로 클럽이 몸을 감쌀 정도로 끝까지 휘두르지 않으면 된다. 즉, 동일한 풀스윙이지만 백스윙톱과 피니시를 억제함으로써 볼을 그린으로 안전하게 운반한다는 느낌으로 스윙하면 된다.

어깨는 90도 회전시키지만 백스윙톱의 높이는 낮게 한다.

NG!

백스윙을 너무 크게 하면 오버스윙이 되어 거리감을 조절하기 힘들어진다.

미들 아이언과 마찬가지로 클럽헤드가 스윙 궤도의 최하점에 이르기 직전에 임팩트가 이루어져야 한다.

피니시도 양손의 높이가 낮은 지점에서 스윙을 멈춘다.

피니시 동작을 너무 크게 하면 클럽이 돌아가면서 샷의 방향성과 거리감이 크게 떨어진다.

숏 아이언
18 양팔의 자연스러운 로테이션을 이용하라

볼을 똑바로 날려 보내야 한다는 긴장감이 미스 샷을 유발한다

볼을 똑바로 보내기 위해 의도적으로 클럽페이스를 목표 방향으로 곧게 밀어내면 임팩트 후에도 클럽페이스가 열리면서 볼이 오른쪽으로 날아가게 된다. 반대로 임팩트 순간 양손을 급격히 감으면서 회전시키면 볼은 왼쪽으로 날아나게 된다. 따라서 볼을 정확하게 치기 위해서는 양팔의 자연스러운 로테이션(회전)이 이루어져야 한다. 이러한 양팔의 로테이션을 느끼기 위해 부채를 활용한 연습 방법이 있다. 양손에 부채를 들고 부채면이 클럽페이스라고 생각해보자. 그 다음 테이크어웨이와 팔로스루 동작을 취하면서 각 동작에서 부채면이 자연스럽게 회전되는 것을 느껴본다. 이와 같은 느낌으로 양팔을 적절하게 회전시키면서 클럽페이스의 로테이션을 사용하면 볼이 목표를 향해 곧게 날아가게 된다.

테이크어웨이에서 클럽헤드의 끝부분은 위를 향한다.

어드레스의 척추각도를 계속 유지하면서 백스윙을 간결하게 한다.

다운스윙도 마찬가지로 척추각도를 유지한다.

부채를 손에 쥐고 스윙동작을 해보면 클럽페이스가 회전하면서 돌아가는 느낌을 느낄 수 있다.

임팩트 순간에는 클럽페이스가 스퀘어 상태로 돌아와야 한다.

팔로스루에서도 클럽헤드의 끝부분이 위를 향한다.

피니시는 간결하게 마무리한다.

PART 04
타수를 좌우하는 숏게임 배우기

숏게임이란 그린 주변에서 어프로치 샷이나 벙커 샷, 퍼팅 등을 하는 것을 말한다. 타수를 줄이는 데 큰 영향을 미치므로 기본을 확실하게 배워두도록 하자.

어프로치 샷

01 볼을 핀에 붙이려면 전략을 세워라

어프로치 샷을 어떻게 할 것인지 머릿속으로 미리 그리는 것이 중요하다

어프로치 샷의 목적은 그린과 가까운 지점에서 볼을 확실하게 그린에 올리되 최대한 핀에 가깝게 붙이는 것이다. 어프로치 샷은 볼을 멀리 칠 필요가 없기 때문에 비거리가 짧은 연장자나 여성도 어프로치 연습을 많이 하면 타수를 줄일 수 있다.

일단 어프로치 샷을 하기 전에 볼에서 그린까지의 거리와 핀의 위치, 그린의 경사 등 주변 상황을 잘 살펴야 한다. 그 다음 볼을 어느 정도 높이로 날려서 그린의 어느 지점에 올리고, 볼이 어느 정도로 굴러가게 할 것인지를 머릿속으로 계산해야 한다. 이렇게 자신의 머릿속으로 어떤 형태의 샷을 그리느냐에 따라 사용하는 클럽이 달라진다.

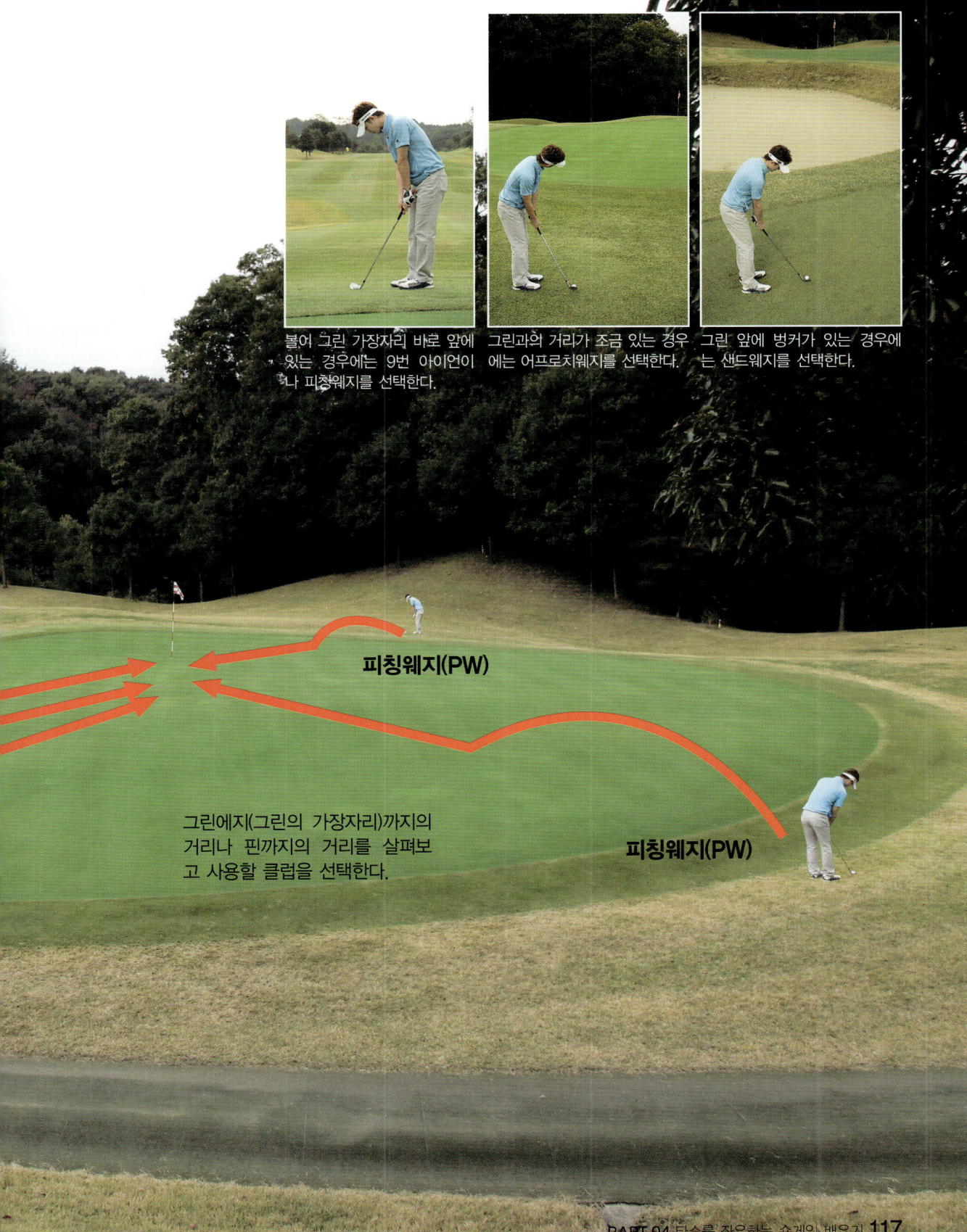

어프로치 샷

02 거리 조절은 스윙의 크기를 3단계로 나누어 파악한다

스윙의 폭을 바꾸더라도 스윙의 좌우대칭은 유지한다

핀까지의 거리가 70~80야드 이내일 때는 스윙의 크기를 조절하고 거리를 컨트롤하는 테크닉이 필요하다. 비거리는 개인차가 있고 클럽에 따라서도 달라지므로 스윙의 폭을 3단계로 나누어 자신의 비거리를 확실하게 파악해 두어야 한다.

우선 어프로치웨지를 잡고 자신의 머리 쪽이 12시인 시계의 중심에 서있다고 가정할 때 팔을 8시 높이까지 들어 올렸다가 4시 높이까지 스윙한다. 계속해서 팔을 9시 높이까지 들어 올렸다가 3시 높이까지 스윙하고, 마지막으로 10시에서 2시까지의 폭으로 스윙한다. 이처럼 좌우대칭을 이루도록 하면서 스윙을 하면 각각의 폭에 따른 거리가 일정해진다.

스탠스를 어깨너비보다 좁게 한다. 볼의 위치는 스탠스 중앙이다. 체중은 6:4 정도로 왼발에 더 싣는다.

8시, 9시, 10시 스윙 폭에 따라 백스윙톱과 피니시의 크기가 변하더라도 좌우대칭이 되도록 스윙하는 것이 중요하다. 어프로치웨지뿐만 아니라 피칭웨지와 샌드웨지의 거리도 체크하자.

커다란 시계가 등 뒤에 있다고 생각하고 양손의 높이를 허리, 어깨, 귀 높이의 3단계로 나누어 거리감을 조절한다.

백스윙은 너무 큰 반면에 팔로스루를 작게 하면 거리감이 일정해지지 않는다.

어프로치 샷

03 양쪽 발끝은 왼쪽을 향하고 핸드 퍼스트 자세를 취한다

오픈 스탠스로 자세를 잡는 이유는 샷의 이미지를 그리기 위해서다

핀까지의 거리가 30~40야드 이내일 경우에는 어드레스 때 양발의 간격을 좁히고 가볍게 오픈 스탠스를 취한다. 오픈 스탠스를 취하는 순서는 먼저 자연스러운 차려 자세로 양쪽 발끝이 정면을 향하게 하고, 이어서 양쪽 발끝을 왼쪽으로 30도 정도 오픈시킨다. 이렇게 하면 자연스럽게 볼의 위치가 오른발 앞이 되며, 소문자 y자 모양의 핸드 퍼스트 자세가 만들어진다.

오픈 스탠스를 취하는 이유는 테이크어웨이가 너무 커지지 않도록 하고 팔로스루에서 클럽을 부드럽게 휘두르기 위해서다. 이러한 자세가 볼을 어느 정도의 높이로 보내고 어느 정도로 굴러가게 할 것인가 하는 이미지 샷을 그리는 데 직결된다.

양손의 위치는 왼쪽 허벅지 앞쪽이다.

자연스러운 차려 자세에서 스탠스를 좁게 하고, 클럽 페이스의 리딩에지를 스탠스 중앙에 맞춘다. 그 다음 양발 뒤꿈치를 중심으로 발끝을 왼쪽으로 오픈시킨다.

양발의 간격을 좁게 하고 스탠스는 오픈시킨다.

볼의 위치는 오른발 앞쪽이다.

어프로치 샷

04 오른손 손목 각도를 유지하면서 볼을 친다

어깨와 팔이 이루는 삼각형을 유지해야 몸과 팔이 일체감 있게 움직인다

공을 낮게 띄워서 착지시킨 후 평소보다 많이 굴러가게 하는 피치 앤드 런(Pitch and Run)을 예로 어프로치 샷의 기본 스윙을 설명하겠다. 먼저 핸드 퍼스트 자세로 체중을 왼발에 조금 더 싣고 어드레스를 한다. 왼발에 체중이 더 실린 상태 그대로 어깨와 팔이 이루는 삼각형을 유지하면서 테이크어웨이를 한다. 그리고 그 자세 그대로 오른손 손목 각도를 유지하면서 임팩트를 하고 일정한 속도로 팔로스루까지 스윙한다. 이때 어깨와 팔이 이루는 삼각형을 마지막 순간까지 유지해야 한다. 어프로치 샷은 어깨와 팔이 이루는 삼각형과 오른손 손목 각도만 잘 유지한다면 클럽페이스의 스위트 스폿으로 볼을 칠 수 있다. 양팔 사이에 볼을 끼우고 어프로치 동작을 연습하면 어깨와 팔이 일체감 있게 움직이도록 하는 데 도움이 된다.

테이크어웨이 동작에서 어깨와 팔이 이루는 삼각형을 유지한다.

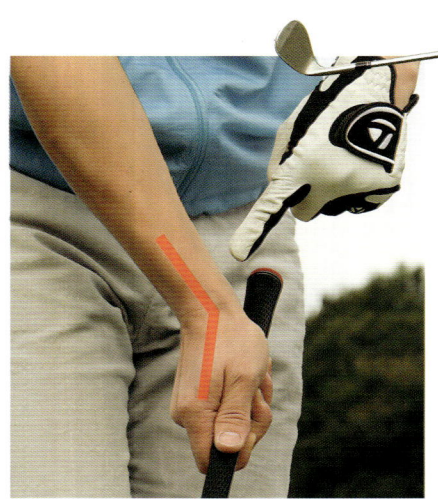

위에서 내려다보았을 때 오른손 손목이 살짝 등호(〈) 모양으로 보이도록 각도를 만든다.

양팔 사이에 적당한 크기의 볼을 끼우고 스윙 연습을 하면 어프로치 실력을 높이는 데 도움이 된다.

임팩트 때 오른손 손목의 각도가 풀리면 볼을 퍼올리는 스윙이 되어 볼이 높이 뜨고 거리는 짧아진다.

왼쪽 팔꿈치가 바깥쪽으로 빠지면 스윙 궤도에서 벗어나게 한다.

어깨와 팔이 하나로 움직이도록 집중하면서 스윙한다.

오른손 손목 각도를 유지하면서 임팩트를 한다.

팔로스루 동작에서도 어깨와 팔의 삼각형을 유지하도록 하고, 클럽페이스는 하늘을 향한다.

PART 04 타수를 좌우하는 숏게임 배우기 **123**

어프로치 샷
05 그린 주변 상황에 따라 클럽을 구분해서 사용하라

클럽과 볼의 위치가 바뀌어도 스윙은 동일하다

어프로치는 캐리(Carry, 볼이 날아가는 거리)와 런(Run, 굴러가는 거리)의 비율에 따라 클럽 선택이 달라진다. 볼이 그린 가까이에 있을 때에는 볼을 낮게 띄워 그린에 착지시킨 후 많이 굴러가게 하는 피치 앤드 런(Pitch and Run)으로 공략하는 것이 좋다. 이때 캐리와 런의 비율이 5:5 또는 6:4 정도라면 어프로치웨지나 피칭웨지를 사용한다. 반면에 캐리와 런의 비율을 3:7 정도로 하고 싶다면 9번 아이언을 선택한다. 즉, 로프트가 작을수록 런이 많아진다. 이처럼 캐리보다 런을 길게 하는 어프로치를 러닝 어프로치(Running Approach)라고 한다.

캐리와 런의 비율을 5:5로 하고 싶을 때는 어프로치 웨지로 피치 앤드 런을 구사한다.

볼을 치기 전에 그린의 경사와 핀의 위치를 살펴보고 캐리와 런을 어떻게 배분할지를 머릿속으로 그려본다.

●피치 앤드 런 연속 동작

피치 앤드 런은 볼을 스탠스 중앙에 두고 오른손 손목의 각도를 유지하면서 스윙한다.

캐리보다 런을 많이 주고 싶다면 9번 아이언으로 러닝 어프로치를 구사한다.

●러닝 어프로치 연속 동작 러닝 어프로치는 피치 앤드 런과 스탠스는 동일하며, 볼을 오른발 쪽에 조금 더 가까이 놓고 자세를 취한다.

어프로치 샷
06 그린 앞에 벙커가 있는 경우에는 피치 샷을 시도하라

벙커를 넘겨야 하는 경우에는 샌드웨지로 공략한다

핀의 위치가 벙커 너머에 있는 경우에는 일단 볼을 띄워서 벙커를 넘긴 후 그린에 올려야 한다. 이러한 어프로치를 피치 샷(Pitch Shot)이라고 하며, 캐리와 런의 비율은 8:2 정도가 된다. 피치 샷은 런의 거리를 최대한 줄여야 하기 때문에 로프트가 큰 샌드웨지가 적합하다.

피치 샷 어드레스는 피치 앤드 런 스탠스보다 조금 넓게 벌리고 왼발 발끝만 30도 정도 오픈시킨다. 체중은 왼발과 오른발에 6:4 정도로 분배한다. 스윙 도중에는 체중이동을 하지 말고, 피치 앤드 런과 마찬가지로 어깨와 팔이 이루는 삼각형을 유지해야 한다. 샌드웨지는 로프트가 크기 때문에 스윙을 크게 하더라도 거리는 많이 나오지 않는다. 따라서 스윙을 자신있게 해주는 것이 중요하다.

다만 어프로치는 볼을 띄우는 것보다 굴리는 방법이 안전하기 때문에 특별한 상황이 아니라면 가급적 볼을 굴려 보낸다는 생각을 하자.

피치 앤드 런보다 스탠스를 조금 넓게 서고, 왼발에 체중을 더 싣는다.

볼을 떨어뜨리고 싶은 지점에 집중하며 거리를 파악한다. 볼을 어느 지점까지 띄워 보내고 어디까지 굴릴지 머릿속으로 이미지를 그리면 큰 도움이 된다.

클럽페이스는 목표 방향을 향하도록 하고, 스탠스를 취한 다음 왼발 발끝이 왼쪽을 향하도록 오픈 스탠스를 취한다.

볼을 의도적으로 높이 띄우려고 하면 오른손 손목이 풀리면서 뒤땅이나 탑볼이 발생한다. 볼은 로프트에 의해 자연스럽게 뜬다는 점을 명심하자.

백스윙은 주저하지 말고 시원하게 해주고, 어깨와 팔이 이루는 삼각형을 유지하면서 임팩트를 한다.

볼이 떨려 날아갈지도 모른다는 불안감은 버리고 볼을 확실하게 쳐낸다는 생각으로 스윙을 한다.

PART 04 타수를 좌우하는 숏게임 배우기 **127**

벙커 샷

07 벙커 샷은 모래가 볼을 옮기는 것이다

볼을 치지 말고 모래를 먼저 쳐내라

그린 주변에 있는 벙커에 볼이 빠지면 벙커를 멋지게 탈출하여 볼을 핀 가까이에 붙이고 싶을 것이다. 하지만 일단 지나친 욕심은 버리고 한 번의 샷으로 벙커를 안전하게 탈출하는 것부터 목표로 하자.

벙커 샷은 샌드웨지를 사용한다. 샌드웨지가 3개의 웨지 중에서 솔이 가장 두껍고, 특히 바운스(Bounce)라는 부분이 클럽헤드가 모래에 박히지 않고 모래 속에서 미끄러지듯이 나가게 해주므로 벙커 탈출이 용이해진다.

벙커 샷의 기본은 클럽헤드가 볼에 직접 닿아서는 안 되며, 클럽헤드가 아닌 모래가 볼을 운반하여 벙커를 탈출하는 것이다. 따라서 샌드웨지의 바운스 부분으로 볼 뒤 5cm 정도 지점의 모래를 파고들면서 모래와 함께 볼을 한꺼번에 핀 쪽으로 날려 보낸다는 느낌으로 스윙을 하면 벙커 샷을 손쉽게 마스터할 수 있다.

볼을 모래와 함께 핀 쪽으로 날려 보내면 벙커를 쉽게 탈출할 수 있다.

클럽헤드의 바닥 부분을 솔이라고 하는데, 특히 바운스(볼록한 부분)로 모래를 쳐낸다는 느낌으로 스윙을 한다.

벙커 샷

08 클럽페이스를 오픈시키고 무게중심을 낮춰라

오픈 페이스로 치더라도 볼을 핀 방향으로 보낼 수 있다

벙커 샷의 어드레스는 클럽페이스를 오픈시키고 스탠스를 넓게 벌려 무게중심을 낮게 한다는 느낌으로 자세를 취한다. 스탠스는 오픈시키지 말고 타깃라인과 평행하게 한다.

클럽페이스를 오픈시키는 순서는 먼저 클럽을 가슴 높이로 쥐고, 클럽페이스의 리딩에지를 약간 오른쪽으로 회전시킨 다음 양손으로 그립을 다시 잡는다. 그 다음 클럽헤드를 그대로 내리면 오픈 페이스 자세가 만들어진다. 클럽페이스를 오픈시키고 치면 볼이 오른쪽으로 날아가지 않을까 하는 의심이 들 수도 있다. 그러나 벙커 샷은 볼을 직접 치는 샷이 아니며 클럽을 휘두르는 스윙 방향이 볼이 날아가는 방향임을 이해해야 한다.

클럽페이스를 오픈시키면 솔의 바운스 부분을 사용하기 쉬워지므로 클럽헤드가 모래 속으로 쉽게 들어갈 수 있다. 벙커 샷의 어드레스는 클럽페이스를 오픈시키고 클럽헤드가 모래에 닿지 않도록 해야 한다.

가슴 앞에서 클럽을 쥐고 클럽페이스를 스퀘어로 맞춘다.

클럽페이스의 리딩에지를 약간 오른쪽으로 회전시킨다. 클럽헤드 끝 부분을 12시라고 가정했을 때 1시 정도 방향으로 회전시킨다.

클럽페이스 방향을 그대로 유지하면서 그립만 다시 잡는다.

올바른 오픈 페이스 어드레스가 완성된다.

벙커 샷
09 볼 밑의 모래를 쓸어내는 느낌으로 스윙하라

모래를 너무 심하게 파지 않으려면 그립 끝이 배꼽을 향하게 한다

클럽페이스를 오픈시키는 이유는 클럽헤드가 모래 속에 들어간 다음 솔이 모래 속을 부드럽게 통과하여 스윙을 확실히 할 수 있도록 하기 위함이다. 즉, 볼 밑의 모래를 쓸어내면서 볼을 부드럽게 쳐내는 스윙을 할 수 있기 때문이다.

벙커 샷을 지나치게 가파른 각도로 하면 과도한 핸드 퍼스트 자세로 임팩트가 이루어지고, 클럽페이스의 리딩에지가 모래 깊숙이 들어가게 되어 팔로스루가 어려워질 수 있다. 따라서 그립 끝이 배꼽을 향한 상태를 유지하면서 볼 주변의 모래를 확실하게 쓸어낸다는 생각으로 스윙을 해야 한다. 벙커 샷 연습을 위해 모래 위에 세로로 선을 긋고, 선의 좌측 모래를 쳐내는 연습을 하면 효과적이다.

클럽헤드가 모래 속을 미끄러지듯이 지나가는 느낌으로 스윙한다.

모래에 선을 긋고 선을 목표로 하여 치는 연습을 하면 벙커 샷 실력을 높이는 데 효과적이다.

볼을 모래에서 위로 띄워 보낸다는 생각이 강하면 상체가 오른쪽으로 기울게 되어 미스 샷을 유발한다.

스윙 궤도가 너무 가파르면 클럽헤드가 모래에 박히게 되어 클럽을 제대로 휘두를 수 없게 된다.

볼 주변의 모래를 얇게 쳐내서 볼이 핀 방향으로 날아가게 한다.

● **벙커 샷 연속 동작** 양쪽 다리에 묵직한 느낌이 들도록 잘 지탱하고 서서, 어드레스의 척추각도를 유지하면서 피니시까지 한 번에 스윙한다.

퍼팅
10 퍼팅라인의 경사도를 잘 파악하라

높은 쪽

내리막 라인

훅 라인

슬라이스 라인

경사에 대한 기본 패턴을 확실히 이해하고 있어야 한다

퍼팅은 돈이란 말이 있듯 퍼팅이야말로 스코어와 직결되는 매우 중요한 플레이다. 따라서 적은 타수로 끝내기 위해서는 퍼팅의 방향과 거리감을 확실하게 맞추어 쳐야 한다.

그린의 모양이나 면적은 다양하지만, 일반적으로 그린 뒤쪽의 지대가 높고 그린 앞쪽으로 흘러내리는 모양이 대부분이다. 따라서 홀의 위치가 그린 중앙에 있다면 자신이 있는 쪽에서는 오르막이 되고, 뒤쪽에서는 내리막, 오른쪽에서는 볼이 왼쪽으로 흐르는 훅 라인, 왼쪽에서는 볼이 오른쪽으로 흐르는 슬라이스 라인이 되는 경우가 많다는 것을 염두에 두자.

퍼터의 종류에는 헤드 시작 부분과 끝 부분의 무게중심이 같은 것(오른쪽)과 끝 부분에 무게중심이 쏠려 있는 것(왼쪽)이 있다. 초보자는 무게중심이 같은 퍼터를 사용하는 것이 좋다.

볼이 그린 주변에 있는 경우, 잔디 상태에 따라 직접 퍼팅을 시도해도 된다.

오르막 라인

낮은 쪽

그린 앞쪽에서 뒤쪽으로 갈수록 오르막이 되는 그린이 일반적이다.

퍼팅 11

퍼팅 그립과 손목을 일직선으로 일치시킨다

양쪽 무릎을 살짝 펴서 볼과 가깝게 선다

퍼팅은 체중이동 없이 작은 스트로크로 볼을 치는 것이다. 따라서 스트로크를 할 때 손목을 사용하면 클럽페이스의 방향이 바뀌기 쉬우므로 어드레스 자세부터 손목을 고정시키는 것이 포인트이다.

어드레스는 양쪽 팔꿈치를 가볍게 구부리고, 팔꿈치부터 양손과 퍼터가 일직선을 유지하도록 하며, 퍼터를 위에서 늘어뜨린다는 느낌으로 취한다. 손목과 퍼팅 그립이 일직선을 이루도록 그립을 하면 손목이 구부러지지 않고 클럽페이스를 곧게 유지하는 것이 쉬워진다. 또한 양 무릎은 가능한 펴고, 볼을 왼쪽 눈 바로 아래에 놓고 자세를 취하면 타깃라인을 따라 퍼터를 스트레이트로 스트로크 하는 것이 쉬워진다.

손목을 팔뚝과 곧게 유지하고 손바닥과 그립의 방향을 평행하게 맞춘다.

양 팔꿈치를 가볍게 구부려서 어깨와 팔을 오각형 모양으로 만든다.

볼의 위치는 왼쪽 눈 바로 아래쪽 부근이다.

퍼터는 양손으로 쥐는 오버래핑그립(위 사진)이나, 왼손 집게손가락을 오른손 새끼손가락 위에 겹치는 역오버래핑그립(아래 사진)으로 해도 된다.

팔꿈치-손-퍼터를 거쳐 모두 일직선이 되도록 한다.

볼의 위치는 왼쪽 눈의 수직 아래 쪽에 놓는 것을 기준으로 한다.

양 무릎은 거의 구부리지 않는다.

NG! 무릎을 너무 구부리면 볼과의 거리가 멀어져 스트로크 궤도가 일정해지지 않는다.

퍼팅 12 진자운동의 원리를 이용하여 스트로크를 한다

하체는 움직이지 말고 팔꿈치와 손목 각도를 유지하며 퍼팅을 한다

퍼팅은 스트로크의 폭이 작기 때문에 헤드를 좌우 일직선으로 움직인다는 느낌으로 해야 한다. 머릿속으로는 시계의 진자운동을 떠올리면 된다. 몸의 중심축을 고정시키고 헤드를 일정한 속도로 들어 올렸다가 저절로 내려오게 하면 된다. 어드레스 자세에서 자신의 목을 중심점으로, 양쪽 어깨를 천칭으로 생각하고 움직여보도록 하자.

양쪽 겨드랑이에 클럽을 끼우고 연습할 경우 겨드랑이에 있는 클럽은 퍼팅라인과 교차되지 않고 평행하게 움직여야 한다. 어드레스 자세에서 어깨와 팔이 이루는 오각형 모양과 손목 각도를 그대로 유지하면서 스트로크를 하면 정확한 퍼팅을 익힐 수 있다.

어깨와 팔의 오각형을 유지하면서 테이크어웨이를 한다.

손목 각도를 유지해야 헤드의 스위트 스폿으로 볼을 칠 수 있다.

진자가 움직이는 원리를 떠올리면서 일정한 리듬으로 스트로크를 한다.

퍼팅의 기본은 퍼팅라인을 따라 헤드를 곧게 움직이는 것이다.

롱퍼팅의 경우 스트로크의 폭이 커지면서 헤드가 완만하게 인사이드인 궤도를 그리게 되고, 숏퍼팅의 경우에는 일직선으로 스트로크를 하는 느낌이 들도록 한다.

양쪽 겨드랑이에 클럽을 끼우고 양쪽 어깨를 위아래로 움직여서 클럽이 퍼팅라인과 평행하게 움직이는 연습을 하면 효과적이다.

겨드랑이에 끼운 클럽이 좌우로 회전하면서 움직이면 어깨회전이 잘못된 것이다.

스트로크를 하는 도중에 손목을 꺾으면 볼을 정확하게 칠 수 없다.

퍼팅

13 양쪽 눈을 퍼팅라인과 평행하게 유지하라

스트로크 궤도는 눈이 지배한다고 해도 과언이 아니다

스트로크 궤도를 안정시키기 위해서는 어깨와 팔이 이루는 오각형과 손목 각도를 유지하는 것도 중요하지만, 가장 결정적인 것은 바로 눈(양쪽 눈)이다. 따라서 어드레스에서 어깨와 허리, 스탠스뿐만 아니라 양쪽 눈도 퍼팅라인과 평행해지도록 맞추는 것이 중요하다. 만약 목이 왼쪽이나 오른쪽으로 기울어져서 양쪽 눈이 퍼팅라인과 교차되면 헤드를 일직선으로 스트로크를 할 수 없다. 또한 어드레스에서 양쪽 눈의 위치가 올바르더라도 임팩트 전에 얼굴이 홀을 향하는 이른바 헤드업을 하게 되면 역시 퍼팅라인과 교차하게 되어 스위트 스폿으로 볼을 칠 수 없다. 모든 스윙이 그렇듯이 퍼팅도 임팩트 때까지 양쪽 눈의 위치를 절대로 움직이지 말고, 임팩트 후에 눈으로 볼을 확인할 때에도 척추각도는 그대로 유지하면서 목만 가볍게 왼쪽으로 돌리도록 하자. 퍼팅은 눈이 아니라 귀로 확인한다는 말을 명심하자.

눈으로 볼을 내려다 볼 때와 임팩트 후 볼을 확인할 때 두 눈은 퍼팅라인과 평행하게 유지되어야 한다.

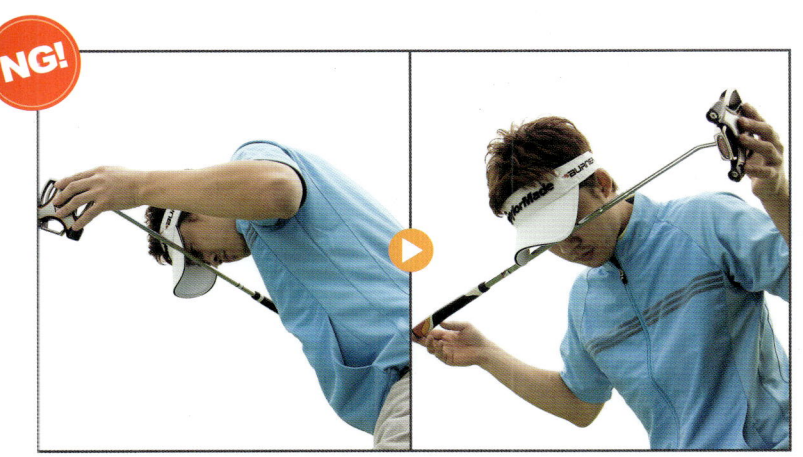

스트로크 도중에 양쪽 눈을 연장한 선이 볼이 진행하는 라인과 교차되면 올바른 궤도로 칠 수 없다.

임팩트 때 오른쪽 어깨가 앞으로 따라 나가면 볼이 왼쪽으로 감기게 된다.

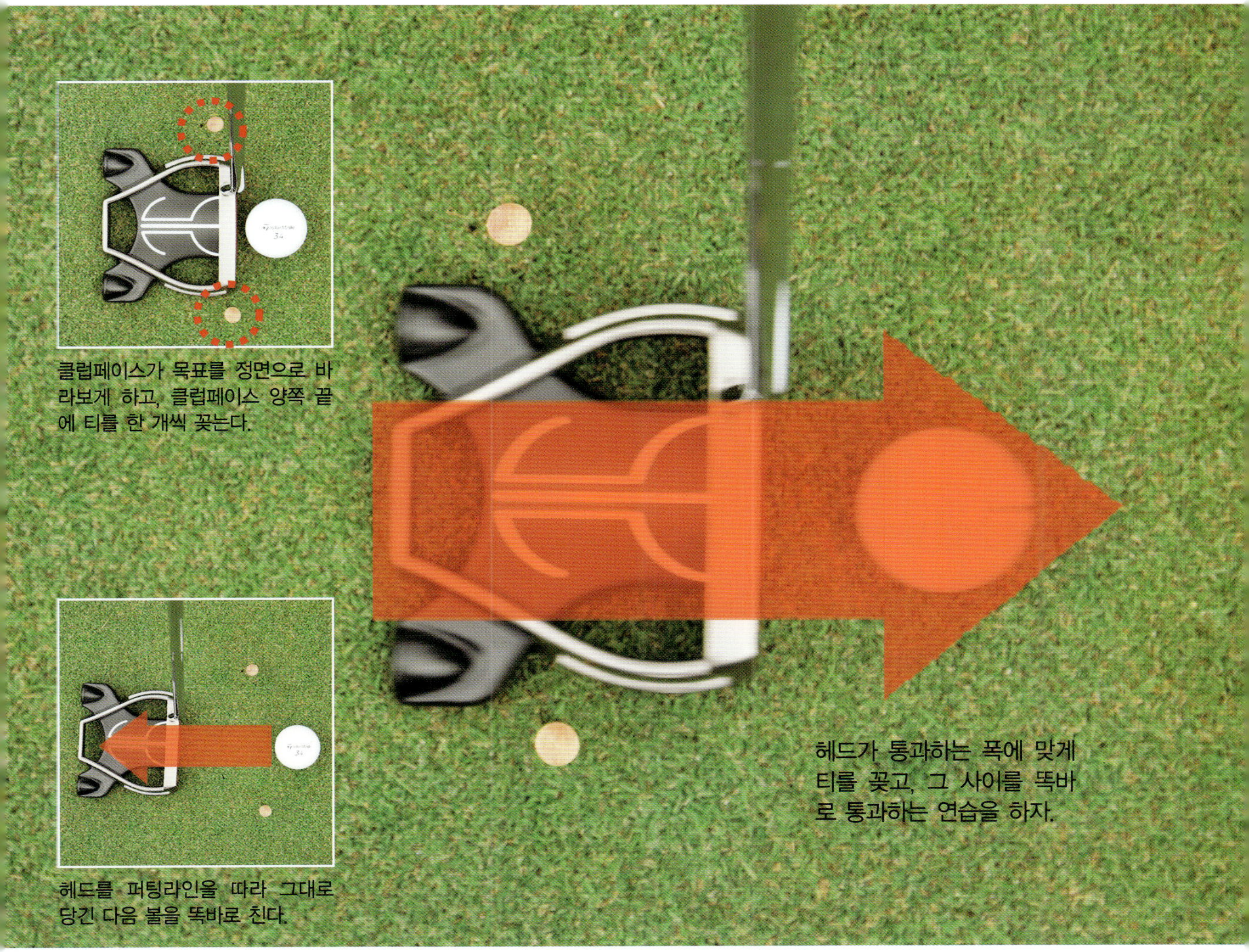

클럽페이스가 목표를 정면으로 바라보게 하고, 클럽페이스 양쪽 끝에 티를 한 개씩 꽂는다.

헤드를 퍼팅라인을 따라 그대로 당긴 다음 볼을 똑바로 친다.

헤드가 통과하는 폭에 맞게 티를 꽂고, 그 사이를 똑바로 통과하는 연습을 하자.

퍼팅 14. 경사가 있는 그린은 가상의 홀을 목표로 쳐라

좌우로 휘는 경사면으로 치는 방법도 스트레이트 라인과 동일하다

아주 짧은 숏퍼팅 거리가 아닌 이상 그린에는 크고 작은 경사가 있기 마련이다. 경사가 아주 미미한 경우에는 눈으로 경사를 알아차리지 못하는 경우가 많기 때문에 일단 그린 전체의 경사를 보고 가장 높은 지점을 찾는다. 그 다음 볼에서 홀까지의 경사와 반대로 홀에서 볼까지의 그린 경사를 모두 확인하고, 볼이 어떻게 굴러갈지를 머릿속으로 그려본다. 그리고 볼을 보낼 방향에 가상의 홀을 설정하고 그곳을 목표로 퍼팅을 한다. 볼의 방향은 경사에 따라 바뀌므로 자신이 설정한 가상의 홀과 볼을 연결하는 일직선에 대하여 평행한 자세를 취하고, 목표 방향으로 똑바로 보낸다.

1. 그린으로 걸어가는 동안에 그린 전체의 경사를 확인한다.
2. 그린으로 올라갈 때는 가장 낮은 곳에서 올라간다.
3. 볼과 홀 사이의 경사를 확인한다.
4. 시간이 허락된다면 홀 뒤쪽에서도 확인한다.

그린이 홀의 왼쪽이 높고 오른쪽이 낮은 경우(슬라이스 라인)에는 볼이 오른쪽으로 휘게 되므로 홀 왼쪽에 가상의 홀을 설정하고, 이곳을 목표로 볼을 치면 볼이 경사를 따라 홀에 가까워진다. 실제 홀을 향해 치면 오른쪽으로 많이 벗어나게 된다.

반대로 홀의 오른쪽에서 왼쪽으로 흐르는 경우(훅 라인)에는 볼이 왼쪽으로 휘게 되므로 경사진 정도에 맞추어 홀보다 오른쪽에 가상의 홀을 설정하고 볼을 친다. 실제 홀을 향해 치면 왼쪽으로 많이 벗어나게 된다.

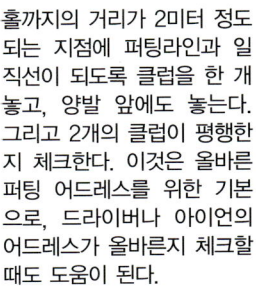

홀까지의 거리가 2미터 정도 되는 지점에 퍼팅라인과 일직선이 되도록 클럽을 한 개 놓고, 양발 앞에도 놓는다. 그리고 2개의 클럽이 평행한지 체크한다. 이것은 올바른 퍼팅 어드레스를 위한 기본으로, 드라이버나 아이언의 어드레스가 올바른지 체크할 때도 도움이 된다.

몸의 방향이 홀을 향하면 퍼팅 스트로크의 궤도가 퍼팅라인과 평행하게 이루어지기 어려워진다. 퍼팅라인과 평행한 자세를 만드는 것이 퍼팅의 기본이다.

15 롱퍼팅은 거리감각을, 숏퍼팅은 방향을 우선시하라

퍼팅

라운딩 전 연습 그린에서 거리감각을 체크한다

볼을 너무 세게 치거나 약하게 치는 바람에 홀 근처에서 멈추지 않으면, 결과적으로 3퍼팅은 기본으로 하게 되어 타수 조절에 실패할 확률이 높아진다. 따라서 거리감각을 기르기 위해서라도 시작하기 전에 연습 그린에서 퍼팅 연습을 하도록 한다.

먼저 5걸음으로 자신만의 기준 거리를 만들고, 그 다음 10걸음, 2걸음 등 총 3종류의 거리별로 퍼팅 연습을 하면 롱퍼팅과 숏퍼팅의 감각을 파악할 수 있다. 특히 롱퍼팅 연습을 할 때에는 볼을 홀에 직접 넣겠다는 욕심보다는 홀 근처에 최대한 가깝게 붙인다는 생각으로 하는 것이 중요하다. 반면에 숏퍼팅은 볼에 표기되어 있는 일직선(없는 경우에는 브랜드명이나 자신이 직접 그은 직선)을 기준으로 방향을 확실하게 맞추어 치도록 한다.

1. 컵에서부터 한 걸음을 대략 1야드로 계산한다.
2. 5걸음 거리에서 퍼팅 연습을 한다.
3. 이어서 10걸음 거리에서 연습한다(롱퍼팅).
4. 마지막으로 2걸음 거리에서 연습한다(숏퍼팅).

롱퍼팅은 스트로크의 크기를 크게 하여 거리감각을 조절한다.

숏퍼팅은 스트로크의 크기를 작게 하고 스위트 스폿으로 정확하게 치는 데 집중한다.

그린에서 롱퍼팅을 할 경우에는 자신의 걸음으로 거리를 대략 계산하고, 홀 주변에 커다란 원을 설정한 후 그 원 안에 볼이 들어가도록 퍼팅을 한다.

13걸음

홀까지 13걸음이라면 연습했던 10걸음보다 스윙 폭을 조금 크게 하면 된다.

숏퍼팅은 볼에 쓰여 있는 브랜드 이름(또는 자신이 그은 직선)이 홀을 향하도록 놓고 퍼팅을 한다.

볼에 표기된 선을 이용하면 퍼팅라인으로 똑바로 보내기 위해 에이밍을 하는 데 도움이 된다.

숏퍼팅은 방향이 중요하다. 홀인을 성공시키기 위해서는 볼을 잔디에 놓을 때 에이밍을 확실하게 해야 한다.

PART 05
초보들의 고질병 미스 샷 바로 잡기

드라이버 샷을 하면 계속 슬라이스가 난다, 아이언 샷을 할 때 뒤땅이 자주 나온다, 어프로치 실력이 늘지 않는다 등 골퍼들은 각기 다양한 고민을 가지고 있다. 이번 장에서는 이런 고민을 해결할 수 있는 연습법을 소개한다.

연습법 01

스윙의 파워를 극대화시켜라

상하체의 꼬임을 극대화시켜 파워풀한 스윙을 만든다

스윙을 하는 동안에는 어깨와 허리가 같은 방향으로 움직이지만, 단순히 움직임의 방향만 같아서는 스윙의 파워를 크게 할 수 없다. 힘을 많이 쓰지 않아도 볼이 쭉쭉 날아가도록 하기 위해서는 상체와 하체가 어떻게 비틀려야 하는지 이해하는 것이 중요하다.

먼저 왼쪽 뺨과 오른쪽 허리를 눌러서 몸이 어떻게 비틀리는지 이해하도록 하자. 실제 스윙에서는 백스윙톱을 만들고 나서 다운스윙으로 전환할 때 왼손으로 왼쪽 뺨을, 오른손으로 오른쪽 허리를 반대 방향으로 누르는 느낌이 들도록 하면 클럽헤드의 가속도가 빨라진다.

왼손으로 왼쪽 뺨을 목표 반대 방향으로 밀어준다.

오른손으로 오른쪽 허리를 목표 방향으로 밀어준다.

클럽을 들지 말고 왼손을 왼쪽 뺨에, 오른손을 오른쪽 허리에 댄다.

다운스윙에서 팔로스루까지 상체와 하체를 반대로 비틀어주면 스윙에 탄력이 생긴다.

상체와 하체의 꼬임을 의식하면서 스윙한다.

상체와 하체가 항상 함께 움직이면 스윙의 파워가 떨어진다.

연습법

02 아이언 샷의 슬라이스를 잡아라

팔로스루에서 양팔이 교차되는 동작을 익힌다

임팩트 때 클럽페이스가 열려 맞아 볼이 오른쪽으로 휘는 골퍼라면, 양손을 서로 떨어트린 상태로 클럽을 쥐고 스윙 연습을 하면 효과적이다. 이 연습은 오른쪽 허리 높이에서 왼쪽 허리 높이까지 스윙을 하는데, 임팩트부터 팔로스루까지의 구간에서 양팔이 X자로 교차되도록 하는 것이 포인트이다. 그 동작을 하려면 임팩트 직후에 오른팔을 쭉 펴서 클럽헤드가 양손을 앞질러 나아가는 느낌으로 스윙을 해야 한다. 이 연습을 하면 팔로스루에서 왼쪽 팔꿈치가 빠지는 동작이 교정되고, 클럽페이스의 스위트 스폿으로 볼을 확실하게 잡을 수 있어 비거리가 늘어난다.

양손의 간격을 10cm 정도 떨어트려 그립을 잡는다.

팔로스루에서 오른팔을 확실하게 펴주면 클럽페이스의 로테이션이 자연스럽게 이루어진다.

왼쪽 팔꿈치가 빠지면 클럽페이스가 돌아가지 않아 슬라이스가 발생한다.

팔로스루에서 양팔을 교차시켜 X자를 만든다.

평상시 그립을 하더라도 연습 때의 요령으로 양팔을 교차시키도록 한다.

연습법 03

드라이버 샷의 슬라이스를 잡아라

클럽헤드를 볼 30cm 후방에 놓고 치는 연습을 한다

드라이버 샷은 볼을 왼발 뒤꿈치 안쪽 앞에 놓고 어드레스를 취한다. 따라서 자신도 모르게 오른쪽 어깨가 앞으로 나오는 자세를 취하기 쉬우며, 이로 인해 다운스윙에서도 어깨가 빨리 열려 오픈 페이스가 되면서 슬라이스가 발생하는 경우가 많다.

이것을 교정하기 위해서는 클럽헤드를 볼 30cm 정도 후방에 놓고 어드레스를 하고 볼을 치는 연습을 하면 효과적이다. 이렇게 하면 어드레스 자세에서 어깨가 열리지 않고 테이크어웨이 궤도가 일정해진다. 또한 임팩트 때 어깨가 열리는 문제도 해결되어 슬라이스를 간단히 고칠 수 있다.

보통 어드레스 자세에서 클럽헤드를 볼 30cm 후방에 놓는다.

먼저 어깨, 허리, 스탠스가 타깃라인과 평행해지도록 자세를 취한다.

가슴이 볼의 오른쪽을 향한 채로 다운스윙이 되면서 클럽페이스가 부드럽게 로테이션된다.

NG!

다운스윙에서 가슴이 빨리 열리면 클럽페이스가 열려 슬라이스가 발생한다.

어깨를 가볍게 오른쪽으로 돌리고, 클럽헤드를 테이크어웨이 궤도로 가져간다.

일반적인 어드레스 자세에서 왼발 발끝을 안쪽으로 닫는다.

연습법 04
드라이버 임팩트의 견고함을 높여라

몸의 왼쪽 부분이 밀리지 않도록 고정시키면 정확도가 높아진다

드라이버 샷의 비거리를 지나치게 멀리 보내려다 양손에 힘이 들어가면 하체의 균형이 깨지면서 왼발이 뒤집히고, 왼쪽 무릎이 펴지며, 왼쪽 어깨가 들리면서 정확도가 현저하게 떨어진다. 이러한 증상을 보이는 사람은 왼발 발끝을 안쪽으로 닫고 어드레스를 취하도록 하자. 그 자세로 다운스윙에서 팔로스루까지 해보면 몸의 왼쪽에 가상의 벽이 세워진 효과를 얻게 되어 볼을 확실하게 칠 수 있다. 또한 척추각도를 유지하기 쉬우며, 비거리를 높이는 효과도 기대할 수 있다.

왼발 발끝을 닫으면 어드레스의 척추 각도도 유지하기 쉬우며, 볼을 스위트 스폿에 맞출 확률도 매우 높아진다.

NG!
임팩트 때 왼발 발끝이 돌아가거나 왼발이 뒤집히면 볼을 정확하게 칠 수 없다.

몸 왼쪽에 가상의 벽이 생겨 임팩트가 안정된다.

연습법 05 아이언 샷의 뒤땅을 잡아라

볼의 왼쪽 지면을 때린다는 느낌으로 스윙하라

아이언 샷에서 가장 많이 범하는 실수는 뒤땅일 것이다. 클럽페이스가 볼을 치기 전에 지면을 먼저 치는 현상으로, 볼을 퍼올린다는 생각이 너무 강하기 때문에 다운스윙에서 체중이 오른발에 남기 때문이다.

뒤땅을 교정하는 방법으로 3박자 리듬 연습법을 추천한다. 백스윙톱까지 클럽을 들어 올린 다음 '하나', 그리고 '둘'에서 체중을 왼발에 싣고, '셋'에서 볼을 치는 3박자로 샷을 하는 연습법이다. 이러한 스윙 템포로 볼의 왼쪽 지면을 때린다는 느낌을 가지게 되면 뒤땅을 교정할 수 있고 정확한 아이언 샷을 익힐 수 있다.

아이언 샷은 볼의 왼쪽 지면을 친다는 느낌으로 스윙한다.

NG!

체중이 오른발에 남은 상태로 다운 스윙을 하면 볼의 오른쪽 지면을 먼저 치게 되어 뒤땅이 발생한다.

하나
백스윙톱의 위치로 올라간 시점에서 '하나'를 센다.

둘
'둘'에서 체중을 왼발에 싣는다.

셋
'셋'에서 볼을 친다.

PART 05 초보들의 고질병 미스 샷 바로 잡기

연습법 06 어프로치 샷의 뒤땅과 탑볼을 잡아라

왼발 체중으로 스윙을 하여 뒤땅과 탑볼을 교정한다

어프로치는 스윙 폭이 작기 때문에 볼 앞쪽 지면을 먼저 때릴 경우 임팩트가 막히게 되어 볼이 거의 날아가지 않는다. 이것은 뒤땅 중에서도 가장 심한 경우에 해당한다. 반대로 클럽페이스의 리딩에지로 볼의 머리 부분을 칠 경우에는 볼이 낮게 날아가거나 굴러가면서 거리가 크게 오버되는 실수를 한다.

이와 같은 뒤땅이나 탑볼은 초보자들이 어프로치를 할 때 가장 많이 범하는 실수인데, 그 원인은 하체를 과도하게 사용하여 몸의 중심축이 흔들리기 때문이다. 따라서 이것을 교정하기 위해 왼발로만 서서 몸의 중심을 잡으면, 왼발이 축이 되는 느낌을 강하게 느낄 수 있어 하체를 확실히 고정시키고 볼을 치는 느낌을 이해할 수 있다. 또한 손목을 움직이는 습관을 교정하려는 사람에게도 효과적이다.

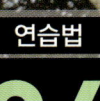

심한 뒤땅이 탑볼의 원인은 대부분 과도한 하체 사용 때문이다.

왼발로만 서있는 느낌의 어드레스를 만들고 볼을 친다.

평상시의 어프로치 어드레스 자세를 만든 다음 오른발을 뒤로 빼고 뒤꿈치를 들어 왼발에 체중을 싣는다.

오른발 뒤꿈치를 세우면 어드레스의 척추각도를 유지하기 쉽다.

체중이동이 억제되고, 왼발 축을 중심으로 스윙할 수 있으므로 임팩트가 정확해진다.

PART 05 초보들의 고질병 미스 샷 바로 잡기

연습법

07 연습장 매트에서 벙커 샷을 연마하라

볼 아래로 클럽헤드를 통과시킨다는 느낌으로 볼을 친다

벙커 샷 실력을 높이기 위해서는 모래에 익숙해지는 것이 가장 좋은 방법이지만, 연습장 매트 위에서도 충분히 연습할 수 있다. 먼저 고무티를 1~2cm 높이로 맞추고 볼을 티업한다. 그리고 일반 벙커 샷을 할 때의 어드레스를 하고, 볼이 놓인 고무티를 치는 연습을 한다.

클럽헤드가 볼 아래를 통과하는 느낌을 기억해 두면 벙커 샷에 자신감이 생기게 될 것이다. 단, 이 연습을 할 때 볼이 급격한 각도로 떠오르게 되므로 주의한다.

일반적인 벙커 샷 어드레스와 동일한 자세를 취한다.

클럽헤드를 볼 아래쪽으로 빠져 나가게 한다는 느낌으로 고무티를 친다.

클럽페이스를 스퀘어로 오픈시킨다.　클럽헤드가 볼에 닿지 않도록 스윙한다.　볼이 급격한 각도로 떠오른다.

상체를 확실하게 회전시켜 백스윙을 한다. 손으로만 클럽을 들어 올리지 않도록 주의한다.

벙커 샷을 연습할 때는 클럽을 확실하게 휘두른다는 생각으로 해야 한다.

그립 끝이 배꼽을 향한 자세에서 임팩트가 이루어져야 한다. 그리고 스윙을 하는 동안 양 무릎의 높이를 확실하게 유지해야 한다.

연습법

08 안정적인 퍼팅의 해답은 피니시에 있다

볼이 홀에 들어갈 때까지 척추각도를 유지하라

들어갈듯 하면서 홀에 잘 안 들어가고, 거리감도 잘 맞지 않아 고민하는 골퍼들에게 꼭 권하고 싶은 연습이 피니시를 확실하게 하는 연습이다. 퍼팅 어드레스를 하고, 임팩트를 한 다음에는 볼이 홀 근처로 갈 때까지 머리 위치나 척추각도를 유지하도록 하자. 손목을 움직이면서 치거나, 임팩트 후에 몸이 볼을 쫓아가면 피니시가 불안정해진다. 따라서 얼굴 방향을 가능한 바꾸지 말고, 퍼터를 다 휘두른 위치에서 확실하게 멈추면, 어깨 움직임만으로 스트로크를 할 수 있다. 그 결과, 임팩트 타점이나 궤도가 안정되므로 퍼팅 실력을 높일 수 있다.

볼이 홀에 도달할 때까지 피니시 자세를 그대로 유지하도록 노력한다.

퍼터의 헤드와 가슴이 함께 움직이는 느낌으로 스트로크를 한다.

손목을 고정시키고 어깨와 팔, 퍼터의 일체감을 느끼면서 퍼팅을 한다.

임팩트 후에 몸이 볼을 쫓아가서는 안 된다.

스트로크를 할 때 손목을 사용하면 헤드가 볼의 윗부분에 맞아 안정적으로 굴러가지 않는다.

손목을 사용하지 않고 스트로크를 해야만 퍼팅 실력이 향상된다.

PART 06
초보 딱지 떼기 위한 골프 상식

01 클럽의 종류
02 클럽의 구조와 명칭
03 클럽 선택 요령
04 골프공의 종류와 선택 요령
05 골프장의 구성
06 타수 계산 방법
07 스코어 카드 작성법
08 볼의 구질 9가지
09 초보자를 위한 골프 에티켓
10 골프 용어

*자료 감수: 김해천

01 클럽의 종류

골프 클럽은 크게 우드 클럽과 아이언 클럽으로 나뉜다.

우드(Wood) 클럽

우드 클럽의 경우 과거에는 헤드 부분이 나무로 만들어졌기 때문에 우드라고 부르게 된 것인데, 요즘에는 티타늄이나 스테인리스를 포함한 다양한 소재로 만들어진다. 우드 클럽은 샤프트(클럽헤드에서 그립까지의 부분)의 길이가 길고, 비거리를 내는 것이 목적인만큼 주로 티 샷이나 거리를 많이 보내야 하는 세컨드 샷을 할 때 이용한다. 3번 이후의 클럽을 페어웨이 우드라고 부르며, 번호가 작을수록 볼이 낮게 날아가고 비거리가 늘어난다.

아이언(Iron) 클럽

아이언 클럽은 클럽헤드가 연철이나 특수 스테인리스, 티타늄 복합제 등의 금속으로 만들어지며, 클럽헤드의 크기가 우드 클럽보다 훨씬 작다. 아이언은 그린이나 핀을 공략하는 것이 목적이며, 우드보다 샤프트 부분이 짧아 사용하기 쉽기 때문에 초보자는 일반적으로 아이언으로 연습을 시작하게 된다. 우드와 마찬가지로 번호가 커질수록 볼이 높게 날아가고, 비거리는 짧아진다.

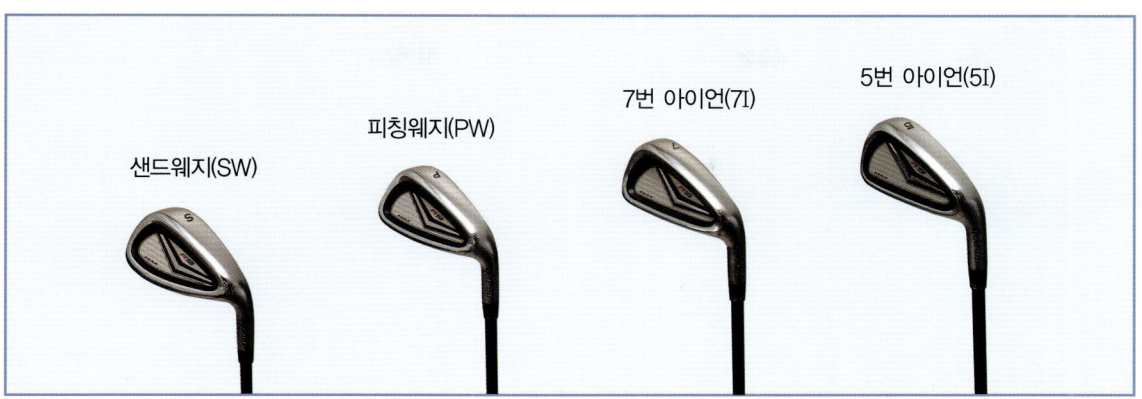

클럽 헤드

우드와 아이언은 공통적으로 클럽페이스(클럽헤드의 면, 타구면)에 로프트(클럽페이스가 기울어진 각도)가 있으며, 로프트가 작은 순으로 1번부터 9번까지 번호가 정해져 있다. 우드의 1번을 드라이버, 2번을 브래시, 3번을 스푼, 4번을 버피, 5번을 클리크라고 한다. 반면 아이언의 1~4번을 롱 아이언, 5~6번을 미들 아이언, 7~9번을 숏 아이언이라 부른다.

또한 아이언 클럽에는 이 외에 어프로치 샷을 위한 피칭웨지(PW)와 벙커 샷을 위한 샌드웨지(SW)가 있다(피칭웨지보다 짧은 거리의 어프로치용으로 어프로치웨지(AW)로 불리는 클럽도 있다.).

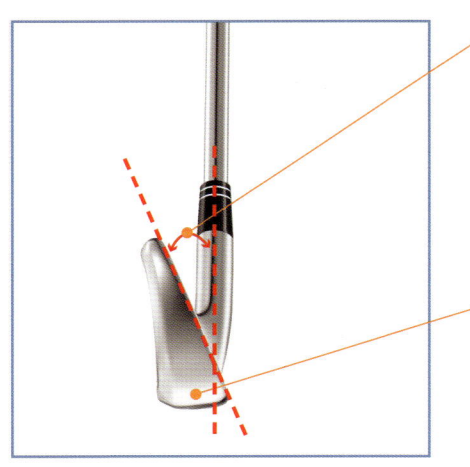

로프트(Loft)
볼이 높이 날아가도록 하기 위한 클럽헤드 경사 각도이다. 각도가 작을수록 볼의 탄도는 낮아지고 거리는 멀리 날아간다.

솔(Sole)
클럽헤드의 바닥 부분. 솔의 폭이 넓은 클럽은 저(低)중심으로 설계된 것으로, 볼이 높이 날아갈 수 있도록 되어 있어 초보자에게 적합하다.

TIP 클럽별 적정 비거리

● 우드 클럽

종류	남성	여성
1번 우드(드라이버)	240야드	200야드
2번 우드(브래시)	230야드	190야드
3번 우드(스푼)	220야드	180야드
4번 우드(버피)	210야드	170야드
5번 우드(클리크)	200야드	160야드

● 아이언 클럽

종류	남성	여성
1번 아이언	210야드	160야드
2번 아이언	200야드	150야드
3번 아이언	190야드	140야드
4번 아이언	180야드	130야드
5번 아이언	170야드	120야드
6번 아이언	160야드	110야드
7번 아이언	150야드	100야드
8번 아이언	140야드	90야드
9번 아이언	130야드	80야드
피칭웨지(PW)	120야드	70야드
샌드웨지(SW)	70야드	50야드

*단, 개인에 따라 편차가 있으므로 자신만의 거리를 숙지해야 한다.

TIP 하이브리드(Hybrid) 클럽

하이브리드(유틸리티)는 페어웨이 우드와 아이언의 중간 정도에 해당되는 클럽으로, 롱 아이언에 익숙하지 않은 사람에게 추천한다. 클럽헤드의 크기가 우드보다는 작지만 아이언보다는 커서 초보자도 쉽게 다룰 수 있으며, 아이언보다 비거리가 잘 나온다. 러프나 경사면 등에서도 사용할 수 있기 때문에 활용 빈도가 높은 편리한 클럽이다.

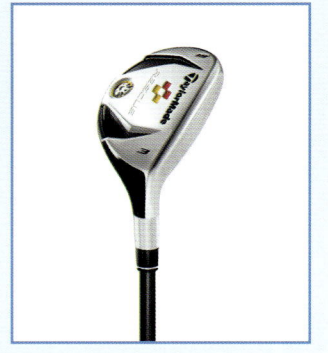

퍼터

골프클럽에는 이 외에 그린 위에서 볼을 굴리기 위한 퍼터가 있다. 퍼터는 클럽헤드의 모양과 샤프트의 길이에 따라 다양한 형태가 있지만, 클럽헤드 모양에 따라 L자형, T자형, D자형, 핀형 등 4가지 타입이 있다. 헤드의 재질은 아이언과 마찬가지로 티타늄이나 스테인리스 등이 일반적이다. 시험삼아 쳐보고 자신에게 적합한 것을 선택하도록 하자.

 캐디백에는 클럽을 14개까지 넣을 수 있다

코스에서 플레이를 할 때 사용가능한 클럽의 개수는 14개로 정해져 있다. 우드는 주로 티 샷을 할 때 사용하는 드라이버와 롱 샷을 할 때 사용하는 페어웨이 우드가 있다. 페어웨이 우드 대신 샤프트가 짧은 유틸리티 클럽을 사용하는 사람도 있다. 아이언은 그린이나 핀을 공략하는 클럽이며, 어프로치용으로는 피칭웨지나 어프로치웨지, 샌드웨지 등이 많이 사용된다. 클럽은 자신의 플레이 스타일에 맞추어 구성하면 된다.

우드는 4개, 아이언은 5번부터 넣는 것이 일반적이다

일반적인 남성 골퍼라면 우드는 4개(드라이버, 3번, 5번, 7번), 아이언은 5개(5번~9번), 웨지 3개 그리고 퍼터를 선택할 것을 권한다. 활용하기 힘든 3번, 4번 롱 아이언 대신 5번 우드나 7번 우드를 사용하면 타수를 조금 더 쉽게 줄일 수 있다. 5번이나 7번 우드가 자신과 잘 안 맞는 사람은 유틸리티 클럽을 사용해 보는 것도 좋다. 근력이 부족한 남성이나 일반 여성은 5~6번 아이언 대신 9번이나 11번 우드를 선택하는 것도 좋은 방법이다.

02 클럽의 구조와 명칭

클럽의 구조는 크게 클럽헤드, 샤프트, 그립 등 3가지 부분으로 나눌 수 있다. 클럽헤드는 우드 클럽과 아이언 클럽에 따라 모양이 다르며, 클럽페이스의 로프트도 클럽마다 차이가 있다. 로프트는 볼을 띄우는 역할을 하는데, 로프트가 클수록 클럽페이스 각도가 크므로 볼은 높이 뜨게 된다. 단, 비거리는 반대로 짧아진다.

샤프트는 클럽헤드와 그립을 이어주는 부분으로, 재질에 따라 스틸 샤프트와 그라파이트 샤프트로 나누어진다. 스틸 샤프트는 다소 무겁지만 비틀림이 적어 그라파이트 샤프트보다 방향성과 비거리가 일정하다. 대개 프로 골퍼나 구력이 오래된 골퍼, 남성 골퍼들은 스틸 샤프트를 사용하고, 초보나 여성 골퍼들은 그라파이트 샤프트를 사용하는 경향이 있다. 샤프트는 탄성이나 무게에 따라 보통 5가지 그레이드가 있는데, 이 부분에 대해서는 '클럽 선택 요령(172페이지)'에서 설명하도록 하겠다. 보통 드라이버 샤프트의 길이는 43~45인치 전후가 일반적이며, 클럽 번호가 내려갈수록 0.5인치(약 1.27cm)씩 짧아진다.

클럽 솔을 지면에 딱 맞게 올렸을 때 지면과 샤프트 사이에 생기는 각도를 라이각이라고 한다. 이 라이각은 클럽의 번호가 작을수록 커지도록 설계되어 있기 때문에, 드라이버와 숏 아이언을 비교해보면 숏 아이언의 샤프트가 수직에 가깝다.

그립은 소위 말하는 클럽의 손잡이 부분으로 고무 재질이 일반적이다. 가죽 재질의 그립도 있지만 대개 가격이 비싸고, 미끄러지기 쉬워 별로 추천하지 않는다. 경기 규칙 상 퍼터 이외의 클럽은 그립의 횡단면을 원형으로 규정하고 있어, 잡기 쉽도록 표면을 울퉁불퉁하게 만들면 규칙 위반이 된다.

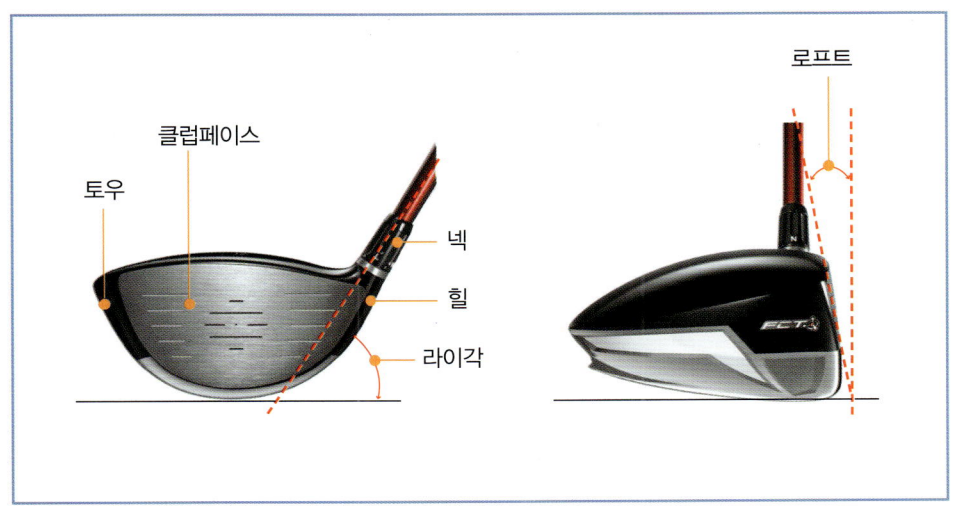

[우드 클럽]

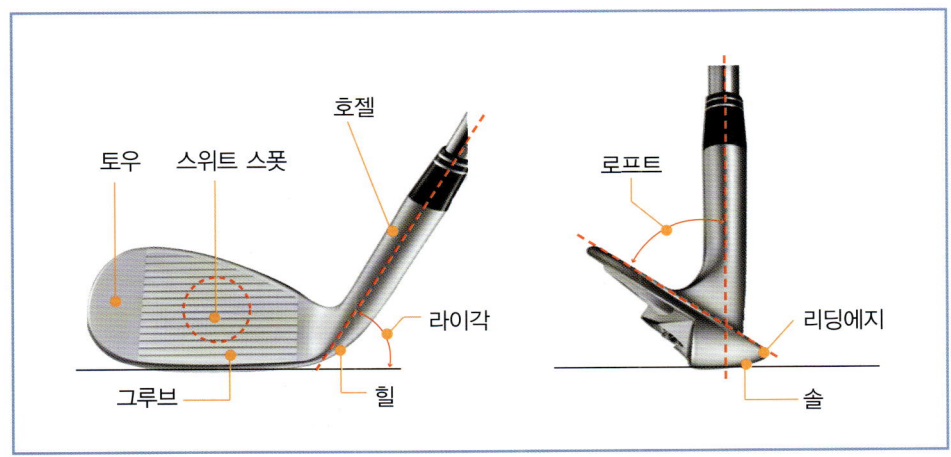

[아이언 클럽]

03 클럽 선택 요령

초보자가 처음부터 자신에게 맞는 클럽을 선택하기란 매우 어렵다. 어느 정도 스윙이 몸에 익숙해진 골퍼라면 자신의 장점은 살리면서 단점은 보완해주는 클럽을 선택하면 된다. 그러나 초보처럼 기준이 없는 골퍼는 결국 브랜드 이미지나 디자인, 가격, 평가만으로 판단하기 쉽다.

골프클럽은 고가인만큼 한 번 구입하면 오랫동안 사용하게 된다. 그러므로 생애 처음 골프클럽을 사려는 사람은 아래의 4가지 포인트에 주의하여, 주변 사람이나 판매점 상담원과 상담한 후 자신에게 적합한 것을 선택하길 바란다. 시타가 가능한 샵이라면 반드시 쳐볼 것을 권장한다.

Point 01 샤프트는 너무 딱딱하지 않은 것을 고른다

앞에서 설명한대로 샤프트는 재질에 따라 스틸과 그라파이트 2가지 타입이 있는데, 초보자에게는 그라파이트 샤프트를 추천한다. 스틸에 비해 가격은 약간 비싸지만, 가볍고 다루기 쉬워 초보자가 사용하기에 무리가 없다.

샤프트는 강도에 따라 아래 표와 같이 5단계로 분류되는데, 일반 남성이라면 R로 시작하는 것이 좋다. 딱딱한 샤프트일수록 클럽헤드의 활용이 예민해지며, 근력이 약하거나 스윙 스피드가 느리면 샤프트의 특징을 활용할 수 없어 오히려 비거리 저하를 가져오게 된다.

● 샤프트의 종류와 특징

강도	명칭	특징
X	엑스트라	가장 딱딱함. 주로 프로용
S	스티프	딱딱함. 프로나 상급자용
R	레귤러	보통. 일반 남성용
A	에버리지	약간 부드러움. 힘이 약한 남성 또는 강한 여성용
L	레이디스	부드러움. 일반 여성용

Point 02 헤드 스피드에 맞는 클럽을 선택한다

초보자에게 클럽은 무거운 것보다 가벼운 것이 다루기 쉽지만, 단순히 중량이 가볍다고 해도 스윙 웨이트(Swing Weight)가 무거우면 의미가 없다. 스윙 웨이트란 스윙을 할 때 느끼는 균형감 또는 무게감을 말하는 것으로, 클럽헤드와 그립 사이의 무게 분배를 의미한다. 즉, 클럽헤드 쪽이 무거우면 스윙 웨이트가 높고, 그립 쪽이 무거우면 스윙 웨이트가 낮다. 수치는 A0부터 G0까지 있으며 A쪽으로 갈수록 헤드가 가벼운 느낌이 들고, G로 갈수록 헤드가 무거운 느낌이 든다.

스윙 웨이트는 자신의 스윙 스타일, 근력, 헤드 스피드 등 여러 가지 요소에 따라 적합한 치수가 다르므로 어떤 것이 좋다고 정할 순 없다. 그러므로 클럽을 선택할 경우 샵에서 자신의 스윙을 측정해보고, 수치에 맞는 것을 선택하는 것이 중요하다.

Point 03 라이각은 반드시 체크한다

정확한 스윙을 몸에 익히기 위해서는 스윙 플레인(Swing Plane, 스윙 시 클럽헤드가 그리는 궤도)이 일정하지 않으면 안 되는데, 그 전제조건이 바로 어드레스 때의 라이각이다. 이 각도가 맞지 않으면 스윙이 너무 플랫(지면에 대해 평행에 가까운 스윙)해지거나, 반대로 너무 업라이트(지면에 대해 수직에 가까운 스윙)가 되므로 주의해야 한다.

이 라이각은 키나 팔 길이에 따라 다르나, 어드레스를 정확히 하고 클럽을 지면에 내려놓았을 때 솔이 지면에 딱 맞는 각도가 가장 좋다. 자세를 정확하게 잡아도 토우가 뜨는(업라이트) 클럽은 슬라이스가 나기 쉽고, 반대로 힐이 뜨는(플랫) 클럽은 훅의 요인이 된다.

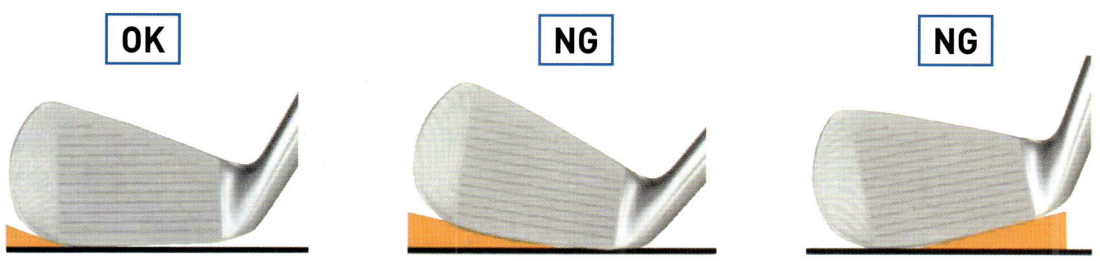

Point 04   초보자용 우드는 헤드의 무게중심이 낮은 클럽이 적합하다

우드는 클럽헤드가 금속으로 만들어져 메탈헤드가 주류를 이루고 있다. 현재 시판되고 있는 메탈헤드의 소재는 스테인리스, 티타늄, 알루미늄 등 3가지이다. 이 중에서 비교적 가격도 저렴하고 다루기도 쉬운 스테인리스 재질의 클럽이 초보자에게 적합하다. 티타늄이나 알루미늄합금의 클럽은 고가인데다 샤프트 길이가 45인치 이상인 '장척 샤프트'가 장착된 제품이 많이 출시되어 초보자는 조금 다루기 어렵다.

최근 클럽헤드는 스위트 스폿을 넓히기 위해 헤드의 대형화가 진행되고 있다. 티타늄이나 알루미늄합금이 사용되는 이유도 스테인리스에 비해 가볍기 때문에 중량이 늘어나지 않으면서 헤드를 크게 할 수 있기 때문이다. 드라이버라면 헤드 용량이 300~460cc 정도, 샤프트 길이는 44인치 이하, 로프트는 10.5도 이상인 것이 초보자용 스펙이다.

또한 같은 드라이버라도 클럽페이스의 높이가 두꺼운 것보다 조금 얇은 타입이 중심의 위치가 낮아지기 때문에 치기 쉽다.

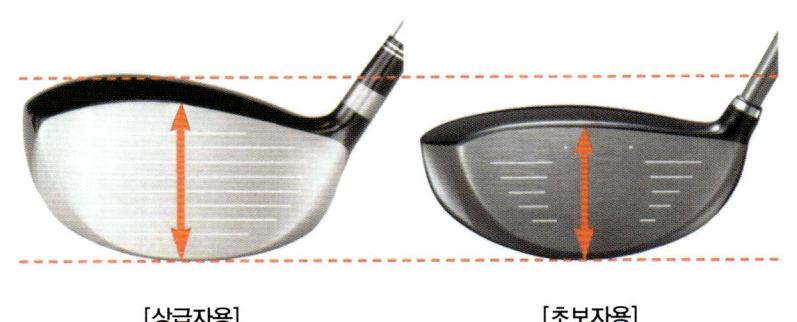

[상급자용]   [초보자용]

04 골프공의 종류와 선택 요령

골프공의 크기

현재 시판되고 있는 볼은 그 크기에 따라 직경 41.15mm인 스몰 사이즈와 42.67mm의 라지 사이즈 두 종류가 있는데, 1990년부터는 개정된 USGA(미국골프협회) 규정에 따라 42.67mm 이상의 볼을 사용하게 되었다. 일반적으로 스몰 사이즈의 볼은 공기 저항을 적게 받기 때문에 비거리가 뛰어나고, 라지 사이즈의 볼은 백스핀이 잘 걸리며 볼이 흙 속에 잘 묻히지 않는다는 장점이 있다.

골프공의 경도

골프공에는 일정한 힘을 가했을 때 변형되어지는 정도를 표시하는 경도(Compression)가 표시되어 있다. 경도는 대개 볼의 표면에 인쇄되어 있는 숫자의 색에 의해 나누어지는데, 파란색(80), 빨간색(90), 검정색(100)의 3가지로 구분된다. 숫자가 클수록 경도가 강하므로 파란색은 여성, 빨간색은 일반 남성, 검정색은 프로나 힘이 강한 골퍼들에게 적합하다.

일반적으로 볼이 단단할수록 임팩트 시 반발력이 커져서 비거리가 많이 나오는데, 반발력을 살리기 위해서는 그에 상당하는 헤드 스피드가 필요하다. 경도가 낮은 볼은 임팩트 시 클럽과의 접촉시간이 길어서 백스핀이 많이 걸리고, 힘이 약한 사람이 볼을 쳐냈을 때에도 볼이 잘맞고 방향성도 뛰어나다.

골프공의 딤플

골프공의 표면에는 원형으로 움푹 패인 자국이 여러 개 있는데, 이것을 딤플(Dimple)이라고 한다. 이 딤플에는 공기저항을 줄임과 동시에 양력(볼을 올리는 힘)을 높여주는 기능이 담겨 있다. 딤플이 있는 볼과 없는 볼을 비교한 실험 결과, 딤플이 있는 볼의 양력이 2~5배 정도 크고, 공기저항은 3/5 정도 작아 비거리가 크게 향상되었다.

단, 딤플수가 많을수록 비거리가 점점 늘어나는 것은 아니며, 딤플의 면적이나 깊이가 미묘한 영향을 미치는 정도이다.

골프공의 종류

골프공은 구조에 따라 고형볼과 와운드볼로 나뉘어진다. 고형볼은 원피스볼, 투피스볼, 스리피스볼, 포피스볼로 나뉘고, 와운드볼은 고형심볼과 액체심볼로 나뉘어진다.

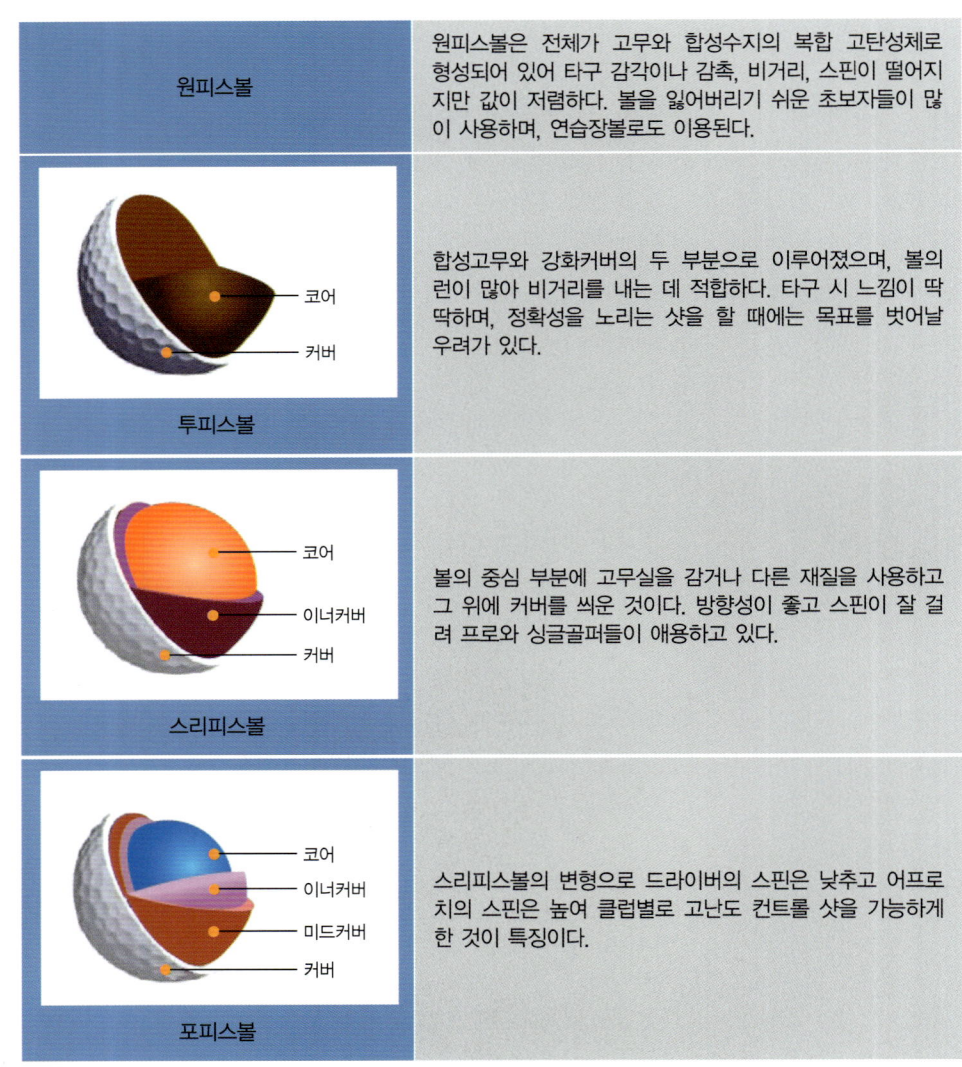

원피스볼	원피스볼은 전체가 고무와 합성수지의 복합 고탄성체로 형성되어 있어 타구 감각이나 감촉, 비거리, 스핀이 떨어지지만 값이 저렴하다. 볼을 잃어버리기 쉬운 초보자들이 많이 사용하며, 연습장볼로도 이용된다.
투피스볼	합성고무와 강화커버의 두 부분으로 이루어졌으며, 볼의 런이 많아 비거리를 내는 데 적합하다. 타구 시 느낌이 딱딱하며, 정확성을 노리는 샷을 할 때에는 목표를 벗어날 우려가 있다.
스리피스볼	볼의 중심 부분에 고무실을 감거나 다른 재질을 사용하고 그 위에 커버를 씌운 것이다. 방향성이 좋고 스핀이 잘 걸려 프로와 싱글골퍼들이 애용하고 있다.
포피스볼	스리피스볼의 변형으로 드라이버의 스핀은 낮추고 어프로치의 스핀은 높여 클럽별로 고난도 컨트롤 샷을 가능하게 한 것이 특징이다.

05 골프장의 구성

골프 코스는 거리가 각기 다른 18홀의 집합체

골프 코스는 일반적으로 1번부터 18번까지의 18개 홀로 구성되어 있다. 물론 9홀이나 27홀, 36홀 또는 72홀이라는 광대한 코스도 있지만, 어디까지나 코스의 기본은 18홀이다. 18홀 거리의 합계는 평균 6,000~7,000야드(1야드=0.912미터)에 달한다.

코스를 구성하는 18개 홀 중에서 1~9번 홀까지를 아웃 코스, 10~18번 홀까지를 인코스라고 한다. 120년 역사의 스코틀랜드 링크스 코스는 클럽하우스를 나와 1번 홀부터 플레이를 시작한 후 9번 홀까지 플레이한 곳에서 유턴하여, 10~18번 홀을 플레이하도록 설계되었다. 즉, 18홀 모두를 플레이 하지 않으면 클럽하우스에 돌아갈 수 없었다. 현재 골프장의 아웃 코스, 인 코스라 불리는 것도 이때의 going out(클럽하우스를 나오다)와 coming in(클럽하우스에 돌아오다)에서 유래된 것이다.

[골프장의 구성]

홀의 구성

1~18번까지의 각 홀은 티잉 그라운드에서 그린까지의 거리에 따라 파3, 파4, 파5의 3개로 나뉘어져 있다. 일반적으로 18홀의 구성은 파5 4개, 파4 10개, 파3 4개로 구성되어 있어 거리 합계가 6,000~7,000야드에 이른다.

각 홀의 거리는 티잉 그라운드에서 페어웨이의 중앙을 거쳐 그린의 중심까지를 수평거리로 재는 것으로, 티마크나 홀(컵)의 위치가 변해도 표시 자체는 변하지 않는다. 다만 그 날의 핀 위치 등에 따라 각 홀의 거리는 다소 달라질 수 있다.

파3

티잉 그라운드에서 그린까지의 거리가 250야드 이하(여성의 경우는 210야드 이하)의 홀을 파3라 하고, 파(기준 타수)는 3이 된다. 티잉 그라운드로부터 한 번에 그린에 올리고, 2퍼트로 홀 아웃하는 것이 기본이다.

[파3홀]

파4

티잉 그라운드에서 그린까지의 거리가 약 251~470야드까지의 홀을 파4라 하고, 파는 4가 된다. 티잉 그라운드로부터 2타에 그린에 올리고, 2퍼트로 홀 아웃하는 것이 기준이다. 여성의 경우는 211~400야드까지가 파4가 된다.

[파4홀]

파5

티잉 그라운드에서 그린까지의 거리가 보통 471야드 이상 되는 홀로, 파는 5가 된다. 티잉 그라운드부터 3타에 그린에 올리고 2퍼트로 홀 아웃하는 것이 기준이다. 여성의 경우는 401~575야드가 파5가 되고, 576야드 이상은 파6가 되기도 한다.

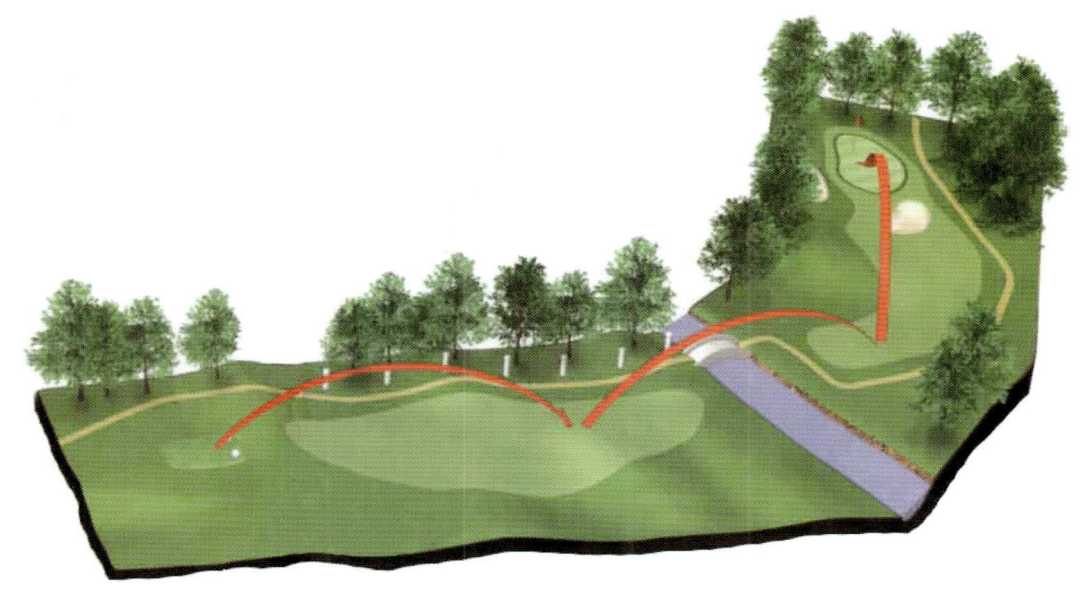

[파5홀]

홀의 구조

코스는 18홀로 구성되어 있고, 18홀은 파3, 파4, 파5홀로 되어 있다. 홀의 거리에 따른 차이는 있겠지만, 한 홀의 구조는 거의 같다. 다음의 명칭을 알아두자.

티잉 그라운드(Teeing Ground)

그 홀의 제1타를 치는 출발점을 말한다. 통상 티잉 그라운드는 페어웨이보다 지대가 조금 높게 올라와 있고 티잉 그라운드의 범위를 알려주는 티마커(말뚝과 같은 모양)가 놓여 있다. 티마커를 넘어가지 않는 구역 안에서 볼을 티업하여 칠 수 있다.

또한 티잉 그라운드에는 거리별로 백 티(클럽 경기나 프로의 토너먼트 등에 사용)와 레귤러 티(통상의 라운드에서 남성이 사용), 레이디스 티(여성용)의 3가지가 있는 것이 일반적이다. 이것에 따라 거리별 핸디캡을 어느 정도 해소하여 플레이를 공평하게 할 수 있다.

OB 지역(OB Area)

아웃 오브 바운드(Out of Bounds)의 약칭으로 플레이 금지구역을 말한다. 통상 이 지역은 페어웨이 양쪽 바깥쪽에 흰색 말뚝으로 표시되어 있으며, 이곳에 들어간 볼은 플레이되지 못하고 직전에 친 위치에서 1벌타를 부여받고 다시 쳐야 한다.

스루 더 그린(Through the Green)

그 홀의 티잉 그라운드와 그린 그리고 코스 내 모든 해저드(장애물)를 뺀 코스 내 모든 부분을 말한다. 일반적으로는 페어웨이나 러프, 숲 등을 가리킨다. 페어웨이란 티잉 그라운드에서 그린 사이의 잔디가 짧게 잘 깎여 있는 부분을 말하며, 페어웨이로 볼을 쳐 가는 것이 플레이의 기본이 된다.

러프는 페어웨이의 양쪽 바깥 부분으로 잔디나 나무가 무성한 부분을 말한다. 미스 샷을 유도하거나 공략을 어렵게 하는 목적 외에도 홀과 홀을 구분하기 위해 설계되어 있다.

해저드(Hazard)

해저드란 원활한 경기 진행을 어렵게 만드는 벙커와 바다, 연못, 냇물, 수풀 등의 자연 장애물을 말한다. 벙커는 모래로 뒤덮인 움푹 파인 땅으로, 미스 샷을 하게 하거나 전략이 필요한 홀을 구성하기 위해 만들어져 있다. 페어웨이와 평행하게 좌우에 있는 벙커를 사이드 벙커(또는 페어웨이 벙커), 페어웨이로 크게 파고드는 벙커를 크로스 벙커, 그린을 싸고 있는 것처럼 놓여 있는 벙커를 가드 벙커 또는 그린 사이드 벙커라고 부른다.

그린(Green)

각 홀마다 깃대와 홀컵이 있는 곳으로, 퍼팅을 위해 잔디가 짧게 잘 정비된 장소를 말한다. 그린 위에는 홀이라 불리는 구멍이 있어, 볼을 몇 타 만에 홀에 넣느냐로 스코어가 달라진다. 홀의 크기는 직경 4.25인치(약 108㎜), 깊이는 4인치(약 100㎜) 이상으로 정해져 있고, 홀의 위치는 고정된 것이 아니라 계속 변동하게 된다. 그린에는 홀의 위치를 표시하기 위해 깃발이 세워진다.

06 타수 계산 방법

파3, 파4, 파5 등 각 홀의 기준 타수를 파(Par)라고 부르며, 파보다 적거나 많은 타수로 홀 아웃했을 때 다음과 같은 명칭이 있다.

파 기준 타수	명칭	설명
-3	알바트로스 (Albatross)	파보다 3타 적은 타수로 홀 아웃한 경우를 알바트로스(신천옹의 의미)라고 한다. 파5홀은 2타로 홀 아웃하는 경우를 말하는데, 장타 선수가 아니면 거의 실현 불가능하다.
-2	이글(Eagle)	파보다 2타 적은 타수로 홀 아웃한 경우를 이글(독수리의 의미)이라고 한다. 파5홀은 3타(2온, 1퍼트 등), 파4홀은 2타로 홀 아웃하면 이글이 된다. 단, 파3홀은 한 번에 넣어야 이글 스코어가 되는데, 이때는 이글이 아닌 홀인원이라고 한다.
-1	버디(Birdie)	파보다 1타 적은 타수로 홀 아웃한 경우를 버디(작은 새의 의미)라고 한다. 파5홀은 4타, 파4홀은 3타, 파3홀은 2타로 각각 홀 아웃하면 버디가 된다.
0	파(Par)	기준 타수로 홀 아웃한 경우를 파라고 한다. 파5홀은 5타, 파4홀은 4타, 파3홀은 3타로 각각 홀 아웃하면 파가 된다.
+1	보기(Bogey)	파보다 1타 많은 타수로 홀 아웃한 경우를 말한다.
+2	더블보기 (Double Bogey)	파보다도 2타 많은 타수로 홀 아웃한 경우를 말한다.
+3	트리플보기 (Triple Bogey)	파보다 3타 많은 타수로 홀 아웃한 경우를 말한다.

TIP 홀인원(Hole in One)

티잉 그라운드에서 친 볼이 한 번에 홀컵에 들어가는 경우를 말한다. 파3홀 이외의 홀에서 홀인원이 나올 확률은 거의 희박하다.

TIP 더블파(Double Par)

파의 2배의 타수로 홀 아웃한 경우를 말한다. 일반 주말골퍼들은 양파라고 부른다. 그러나 더블파는 공식 용어가 아니고 파5홀에서는 5오버파 또는 퀀터플 보기, 파4홀에서는 4오버파 또는 쿼드러플 보기, 파3홀에서는 3오버파 또는 트리플 보기라고 부르면 된다.

07 스코어 카드 작성법

골프 경기는 18홀을 플레이한 후 그 스코어를 정확하게 기입한 스코어카드를 제출해야 경기가 종료된다. 스코어카드를 제출할 때 각 홀별 타수를 잘못 기입하거나 사인 누락이 없는가를 잘 확인해야 한다. 아무리 좋은 스코어를 기록해도 스코어카드 기입에 실수가 있으면 경기 실격이 되는 경우도 있으므로 주의해야 한다.

스코어카드를 기입할 때 보통 파는 0, 버디는 -1, 보기는 1 등으로 표기하는데, 이는 주말골퍼들이 쉽게 알아보기 위해서 약식으로 표기하는 방식이다. 정식으로는 자신이 친 총 타수를 기입해야 한다. 예를 들어 파4홀에서 보기를 하면 5가 되고, 파5홀에서 버디를 하면 4를 기입해야 한다.

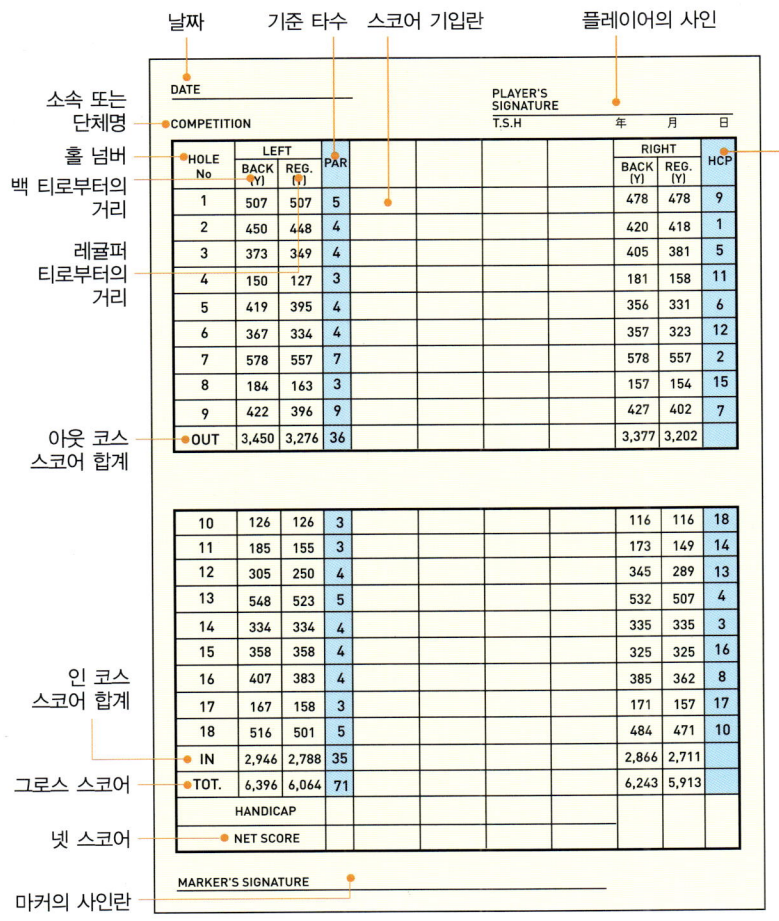

[스코어 카드]

TIP 핸디캡의 의미

스코어카드에 적혀있는 핸디캡은 그 골프장의 난이도를 나타내는 표기이다. 핸디캡은 1~18까지 있으며, 핸디캡 1은 그 골프장에서 가장 어려운 홀을, 핸디캡 18은 가장 쉬운 홀을 말하는 것이다. 따라서 티샷을 하기 전에 스코어카드에 적혀 있는 핸디캡을 보고 그 홀의 난이도를 미리 파악하면 경기 운영에 도움이 된다.

08 볼의 구질 9가지

볼이 일직선의 스트레이트 구질로 날아가면 최상의 결과이지만, 볼이 마음처럼 똑바로 날아가는 것만은 아니다. 따라서 자신의 볼이 날아가는 구질을 보고 그 원인을 이해한다면 보다 스트레이트 구질로 볼을 칠 수 있다. 볼의 구질에 가장 큰 영향을 미치는 요인은 스윙 궤도와 임팩트 순간의 클럽페이스 정렬 상태이다. 이 2가지 요인의 변화에 따라 나올 수 있는 9가지 구질을 소개한다.

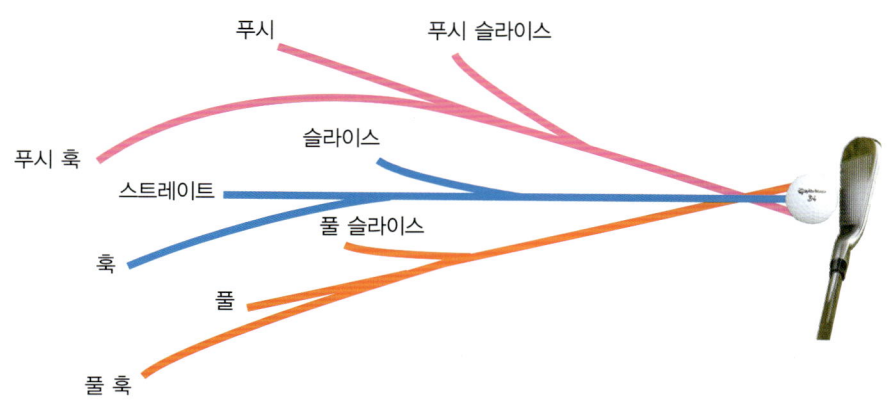

볼의 구질	스윙 궤도	클럽페이스 상태
푸시 슬라이스	인-아웃	열림
푸시	인-아웃	스퀘어
푸시 훅	인-아웃	닫힘
슬라이스	스트레이트	열림
스트레이트	스트레이트	스퀘어
훅	스트레이트	닫힘
풀 슬라이스	아웃-인	열림
풀	아웃-인	스퀘어
풀 훅	아웃-인	닫힘

09 초보자를 위한 골프 에티켓

01 복장에 신경 써야 한다
골프는 매너를 중시하는 운동이므로 복장의 예를 갖추어야 한다. 특히 남자의 경우 청바지나 반바지는 피해야 한다.

02 티 오프 시간을 준수해야 한다
라운딩에 앞서 가장 중요한 것이 시간 엄수이다. 약속시간에 늦으면 자신의 플레이에만 손해를 보는 것이 아니라 다른 플레이어에게까지 피해를 주게 된다. 골프는 시간 엄수가 생명이라는 점을 반드시 기억해야 한다.

03 스윙 전에는 주변을 살펴 안전을 확인한다
스트로크 또는 연습스윙을 하기 전에 가까운 곳에 자신의 클럽으로 다칠 만한 사람이나 사물이 있는지 확인한다. 특히 사람을 향해 연습스윙을 하지 않도록 한다.

04 플레이 지연은 다른 사람에게 폐를 끼친다
골프는 선발팀과 후발팀 사이의 시간 간격이 정해져 있다. 그런데 퍼팅 연습이나 드라이빙 레인지에서 열중하다 보면 티오프 시간을 지나치는 경우도 있다. 이런 경우 시작이 늦으면 후발팀의 티오프 시간이 연달아 밀리면서 다른 플레이어들의 긴장을 초래할 수 있다. 따라서 적어도 5분 전까지는 첫 번째 홀에서 기다리도록 한다.

05 볼에 자신만의 표시를 해둔다
동반 플레이어가 자신의 볼과 동일한 종류의 볼을 사용할 경우 간혹 누구의 볼인지 알 수 없는 경우도 있다. 따라서 볼에 자신만의 고유한 표시를 해두면 이러한 상황을 미연에 방지할 수 있다.

06 연습스윙에 따른 잔디 손상을 조심한다
잔디 위에서 연습스윙을 할 때 디봇이 생기면 잔디가 손상되므로 디봇이 생기지 않도록 주의해야 한다.

07 다른 사람이 티 샷을 할 때는 움직이지 말고 조용히 있도록 한다

뒤에서 이야기를 하거나 소리를 내서는 안 된다. 시야를 방해하는 곳에 서있는 것도 피해야 한다. 자신과 함께 플레이하는 멤버의 볼의 행방에 대해 확인해 두는 것도 에티켓 중의 하나이므로 가능하면 조용히 다른 사람이 샷의 지켜보도록 하자. 연습스윙을 하면서 지켜보는 것도 금해야 한다.

08 볼이 다른 홀이나 사람이 있는 곳으로 날아가면 '포어(Fore)'라고 외친다

주변 홀이나 사람이 있는 곳으로 볼이 날아가면 큰 소리로 '포어'라고 외치자. 이것은 위험을 알리는 신호로 사고를 방지하는 매우 중요한 골프 상식이다. 다른 그룹에 폐를 끼치게 되었다면 사과를 하러 가는 것도 잊지 않도록 한다. 일반적으로 '볼(Ball)'이라고 외치는데 포어가 맞는 표현이다.

09 샷을 한 후에는 빨리 이동한다

샷은 천천히 하더라도 일단 샷을 한 후에는 빠른 걸음으로 다음 지점으로 이동해야 한다. 자칫 느리게 이동할 경우 선발팀과의 간격은 벌어지고 후발팀과의 간격은 좁혀져 경기 운영이 지연될 수 있고, 그러다보면 샷을 급하게 해야 하는 경우가 많아진다.

10 티 샷을 한 후에는 여러 개의 클럽을 들고 볼이 낙하한 지점으로 이동한다

타수가 많아지게 되는 초보자는 페어웨이 우드나 아이언 등 2번째, 3번째 샷을 가정하여 3~4개의 클럽을 가지고 이동하도록 하자. 일일이 카트에 돌아가면 경기 시간이 길어진다. 시간을 끌지 않고 플레이함으로써 주변으로부터 호감을 얻을 수도 있다.

11 그린 위에서는 다른 사람의 퍼팅라인을 밟지 않는다

그린 위에서 다른 사람의 볼과 홀 사이의 라인을 밟거나, 그림자를 드리우거나, 퍼팅을 하는 사람의 눈에 거슬리는 곳에 서있으면 안 된다. 멀리 떨어진 곳에서 소리를 내지 말고 지켜보도록 한다.

12 잔디에 디봇이 생겼다면 메우도록 한다

자신이 만든 디봇은 반드시 보수하도록 하자. 그래야 잔디를 회복시키는 데에도 도움이 된다.

13 홀컵 주위를 밟거나 볼마크 끝부분으로 잔디에 상처를 내는 일이 없도록 한다

그린 위에서 발을 질질 끌며 걸으면 잔디에 상처가 나기 쉬우므로 반드시 주의한다. 특히 홀 둘레는 매우 민감해서 홀 주변의 잔디를 밟으면 잔디가 흐트러지기 쉬우므로 밟지 않도록 주의하자. 자신의 볼을 마크한 볼마크를 뺀 후에는 마크 가장자리를 잘 눌러준 후 퍼터로 잘 눌러 평평하게 만들도록 한다.

14 깃대는 그린에 조심스럽게 내려놓는다
깃대를 그린에 던지거나 마구 내려놓을 경우 잔디가 상할 우려가 있으므로 조심해야 한다.

15 벙커에 들어갈 때는 레이크를 가지고 낮은 지점으로 들어간다
벙커에 볼이 빠졌다면 볼이 있는 위치와는 조금 멀더라도 레이크(고무 갈퀴)를 가지고 벙커 높이가 낮은 곳으로 들어가자. 그래야 레이크를 가지러 벙커 안을 돌아다니지 않아도 되고 신속하게 모래를 평평하게 고를 수 있다.

16 초보자는 실수를 신경 쓰기보다 활동적으로 즐겁게 움직인다
미스 샷이 계속되고 타수가 늘어나는 것은 초보자에게 흔히 있는 일이다. 일일이 기분 나빠하거나 어두운 표정을 지으면 라운딩 분위기를 망치게 된다. 너무 신경 쓰지 말고 즐거운 마음으로 플레이할 수 있도록 노력하자.

10 골프 용어

그레인(Grain) 그린 위에서 자라는 잔디의 방향 또는 그 결

그루브(Groove) 클럽페이스에 있는 홈

그린(Green) 깃대와 홀컵이 있는 곳으로 잔디를 짧게 깎고 잘 다듬어 놓은 퍼팅을 하는 지역

그립(Grip) 골퍼가 손을 얹는 클럽 부분

다운 블로우(Down Blow) 클럽페이스가 볼을 먼저 치고 그 다음 지면에 맞도록 스윙하는 타법. 어퍼 블로우(Upper Blow)의 반대

다운스윙(Down Swing) 백스윙 직후 볼을 치기 위해 클럽을 내리는 스윙 동작

더프(Duff) 클럽헤드가 공을 치기 전에 땅을 먼저 침으로써 부분적으로 공을 맞히고 공이 나아가는 거리를 감소시키는 타. 일명 뒤땅

덕훅(Duck Hook) 볼이 급격하게 왼쪽으로 구부러지는 심한 훅

도그랙(Dogleg) 마치 개의 다리처럼 오른쪽이나 왼쪽으로 굽은 홀

드라이버(Driver) 비거리가 가장 많이 나는 클럽으로 1번 우드를 말함

드라이빙 레인지(Driving Range) 드라이브를 칠 수 있는 200야드가 넘는 실외 연습장

드로우(Draw) 볼이 날아갈 때 오른쪽에서 왼쪽으로 약간 휘는 샷. 페이드(Fade)의 반대

드롭(Drop) 경기 중 공을 잃어버렸거나 공이 경기를 진행하기 불가능한 지점에 놓인 경우 규정에 따라 볼을 옮겨 놓거나 새로운 볼을 다시 놓는 것으로, 플레이어가 똑바로 서서 팔을 어깨 높이로 뻗은 후 공을 수직으로 떨어뜨리는 동작

디봇(Divot) 샷을 한 뒤 클럽헤드에 의해 파여서 옮겨진 잔디 조각 또는 잔디가 빠진 파인 구멍

딤플(Dimple) 공중에 오래 뜨도록 디자인된 골프공 표면의 둥근 홈

라이(Lie) 볼이 멈춘 지면의 상태 또는 클럽헤드와 샤프트가 이루는 각도

로브 샷(Lob Shot) 거의 앞으로 굴러가지 않고 살짝 착륙하는 짧고 높은 궤도를 그리는 샷

로프트(Loft) 클럽페이스의 각도 또는 경사

롱 아이언(Long Irons) 1~3번 아이언을 말함

런(Run) 볼이 지면에 떨어진 후 굴러가는 거리

레이드 오프(Laid Off) 클럽이 백스윙톱에서 목표의 왼쪽을 가리키는 것

레이트 히트(Late Hit) 다운스윙을 할 때 클럽헤드가 내려오는 동작을 늦추어 순발력을 증가시켜 파워를 최상으로 끌어내는 타법

리버스 오버래핑 그립(Reverse Overlapping Grip) 퍼팅 때 사용되는 그립 스타일로, 오른손 손가락 모두 클럽 위에 놓고 왼손 검지가 오른손 손가락들을 가로질러서 포개는 그립 방법

릴리스(Release) 다운스윙 및 임팩트 이후 헤드 스피드를 계속 가속시키는 동작

미들 아이언(Middle Irons) 4~6번 아이언을 말함

백 티(Back Tee) 티잉 그라운드에서 가장 뒤쪽에 있는 티. 챔피언 티라고도 함

백스윙(Backswing) 클럽을 볼 뒤쪽으로 들어 올리는 스윙의 과정

백스핀(Backspin) 클럽페이스의 경사, 어프로치 각도, 클럽헤드의 속도 등에 의해 볼이 영향을 받아 볼이 날아가는 방향의 반대 방향으로 돌아가는 볼의 회전

버디(Birdie) 1홀에서 기준 타수(파)보다 한 타 적게 홀 아웃하는 것

범프 앤드 런(Bump and Run) 볼을 일부러 낮게 쳐서 지면을 맞고 튀게 하면서 속도를 늦춰 그린 근처로 굴러가게 하는 샷

벙커(Bunker) 코스에서 장애물이 되는 모래 구멍이나 풀 구멍

베이스볼 그립(Baseball Grip) 열손가락으로 야구 배트를 잡는 형태로 쥐는 그립 방법

보기 플레이어(Bogey Player) 매 홀을 보기로 마칠 경우 나오는 스코어로 경기 당 90타 전후를 기록하는 골퍼를 일컫는 말

보기(Bogey) 파보다 한 타를 더 친 타수로 홀 아웃하는 것

브레이크(Break) 경사나 잔디의 결 또는 바람 때문에 공이 땅 위에서 나아가는 곡선

블레이드 샷(Bladed Shot) 공의 중심 혹은 그 위를 클럽페이스의 리딩에지로 쳐서 낮은 라인드라이브 곡선을 그리는 샷

블레이드(Blade) 아이언의 칼날 모양으로 된 부분

생크(Shank) 클럽의 목(넥) 부분으로 볼을 치는 미스 샷

세미러프(Semi Rough) 더프 지역에 있는 잔디이지만, 너무 길지도 너무 짧지도 않은 잔디

셋업(Setup) 볼을 치기 위해 자세를 잡는 어드레스 동작

솔(Sole) 클럽헤드의 바닥 부분

숏 아이언(Short Iron) 7~9번의 아이언을 말함

숏게임(Short Game) 그린 근처에서 가장 적은 타로 볼을 홀에 넣을 수 있도록 모든 종류의 샷을 포함한 플레이. 벙커 샷, 퍼팅, 칩 샷, 피치 샷 등

스리쿼터스윙(Three-Quarter Swing) 클럽 거리의 75% 정도만을 보낼 의도로 정상 이하의 길이의 백스윙이나 노력으로 친 샷

스웨이(Sway) 백스윙이나 다운스윙 때 지나치게 옆으로 움직이는 몸동작

스위트 스폿(Sweet Spot) 클럽페이스의 정중앙

스윙 아크(Swing Arc) 클럽헤드가 그리는 궤도

스윙 플레인(Swing Plane) 스윙 때 클럽의 진로와 각도를 나타내기 위해 사용되어지는 가상의 평평하고 얇은 표면

스카이 샷(Sky Shot) 클럽페이스의 윗부분으로 볼의 밑부분을 쳐서 볼이 높게 떠오를 뿐 거리는 짧은 샷

스퀘어(Square) ①타깃라인에서 올바른 각도로 위치했을 때의 클럽페이스, ②발뒤꿈치를 따라서 그려지는 선이 타깃라인과 평행한 발의 자세, ③타깃을 겨냥할 때 타깃라인과 평행한 어깨, 엉덩이, 무릎, ④볼을 쳤을 때 볼의 중앙에 클럽페이스가 정확하게 맞는 것 등을 말함

스탠스(Stance) 볼을 치려고 할 때의 발의 자세

스트롱 그립(Strong Grip) 그립을 시계방향으로 회전시켜 잡는 그립 방법

스폿(Spot) 볼의 뒷면에 동전이나 작은 물체를 놓음으로써 볼을 치기 전에 그린 위에서 볼의 위치를 표시하는 것

스푼(Spoon) 현재의 3번 우드를 말하며, 경사진 페어웨이 우드의 초기 이름

슬라이스(Slice) 볼이 왼쪽에서 오른쪽으로 현저하게 꺾어지는 샷

아웃 오브 바운드(Out of Bound) 경기를 정상적으로 진행할 수 없는 구역. 주로 OB라고 함

아웃사이드 인(Outside In) 임팩트 때 클럽헤드가 타깃라인의 바깥쪽에서 안쪽으로 덮여 들어가는 것

아이언(Iron) 클럽헤드가 금속으로 만들어진 클럽

아크(Arc) 스윙 궤도를 말함

야디지(Yardage) 야드 단위로 나타낸 각 홀의 길이나 코스 전체의 길이

어드레스(Address) 골퍼가 샷을 하기 위해 몸과 클럽의 자세를 준비하는 과정

어퍼 블로우(Upper Blow) 클럽페이스가 스윙의 최저점을 지난 후 올라가는 순간 볼에 맞도록 스윙하는 타법. 다운 블로우(Down Blow)의 반대

어프로치 샷(Approach Shot) 그린 주변에서 퍼팅 그린을 향해서 또는 그린 위로 올리는 스트로크. 또는 페어웨이에서 그린에 가깝게 볼을 보내기 위해 친 샷

언더 파(Under Par) 규정 타수보다 적은 스코어

언코킹(Uncocking) 코킹된 손목을 임팩트 이후 풀어주는 것

얼라인먼트(Alignment) 타깃을 향한 몸을 정렬시키고 클럽페이스의 배치하는 것. 에이밍(Aiming)의 일부분

업 앤드 다운(Up and Down) 그린의 굴곡이 심한 것을 일컫는 말

업라이트 스윙(Upright Swing) 스윙 궤도가 지면과 수직에 가까운 스윙

에어 샷(Air Shot) 공을 맞추기 못하고 허공을 가르는 샷. 일명 헛스윙

에이프런(Apron) 그린의 가장자리

에임라인(Aim Line) 볼에서 타깃까지의 눈에 보이지 않는 라인을 말함. 타깃라인과 동일

에지(Edge) 홀, 그린, 벙커 등의 가장자리

오버스윙(Over Swing) 백스윙 톱에서 클럽이 지나치게 지면을 향하는 스윙 동작

오버래핑 그립(Overlapping Grip) 클럽을 쥐는 방법으로 오른손 새끼손가락을 왼손 집게손가락 위에 올려 잡는 것으로, 영국의 프로걸퍼 해리 바든이 유행시킨 방법이라 하여 바든 그립이라고도 함

오픈 스탠스(Open Stance) 오른손잡이의 경우 왼발을 뒤로 약간 당겨 볼이 날아가는 쪽으로 몸을 오픈시킨 자세

오픈 페이스(Open Face) 클럽페이스가 볼에 대하여 90도를 넘어 약간 열린 상태

올 스퀘어(All Square) 모든 플레이어의 승부가 무승부일 때를 일컫는 말

왜글(Waggle) 스윙을 하기 전 정신을 집중시키고 근육을 풀어주기 위해 클럽을 가볍게 좌우나 앞뒤로 흔들어주는 동작

우드(Wood) 클럽헤드가 나무로 만들어진 클럽

워터 해저드(Water Hazard) 코스 안에 걸쳐 있는 바다, 호수, 연못, 하천, 도랑 등의 장애물

원 온(One One) 한 타로 볼을 그린에 올리는 것

웨지(Wedge) 클럽페이스가 넓고 솔이 평탄하며 로프트가 큰 아이언 클럽으로 일반적으로 피칭웨지와 샌드웨지를 말함

위크 그립(Weak Grip) 그립을 시계반대방향으로 잡는 방법

이글(Eagle) 1홀의 기준 타수(파)보다 2타수 적은 스코어로 홀 아웃하는 것

이븐(Even) 규정 타수와 플레이어가 친 타수가 일치하는 것 또는 상대방과 타수가 똑같은 것

익스플로전 샷(Explosion Shot) 벙커에서 클럽에 의해 많은 양의 모래가 파여지며 그 폭발력으로 탈출하는 벙커 샷

인사이드 아웃(Inside Out) 임팩트 때 클럽헤드가 타깃라인의 안쪽에서 바깥쪽으로 열려 들어가는 것

인터로킹 그립(Interlocking Grip) 오른손 새끼손가락과 왼손 집게손가락을 서로 교차해서 쥐는 것. 손가락이 짧거나 힘이 약한 사람이 이 방법을 취하면 두 손의 죄는 힘이 강해져 스윙을 하는 동한 손이 느슨해지지 않는 효과가 있음. 타이거우즈 그립으로 유명함

임팩트(Impact) 클럽헤드로 볼을 치는 순간

입스(Yips) 퍼팅을 할 때 실패에 대한 두려움으로 호흡이 빨라지고 손에 가벼운 경련이 일어나는 몹시 불안해하는 증세

초크(Choke) 골퍼가 정상적인 능력대로 제대로 경기를 할 수 없을 만큼 심각한 신경과민반응을 일으키는 심리 상태

치킨 윙(Chicken Wing) 일명 닭날개. 백스윙 때 오른쪽 팔꿈치가 지면에 거의 수평이 될 정도로 들리는 동작. 슬라이스의 원인

칩 샷(Chip Shot) 어프로치 샷의 일종으로 짧고 낮은 궤도를 그리는 샷

칩 앤드 런(Chip and Run) 그린의 가장자리나 러프에서 그린 주위로 친 낮은 궤도를 그리는 샷. 공이 캐리보다 훨씬 더 많이 굴러감

캐리(Carry) 공중에서 볼이 날아가는 거리

캐스팅(Casting) 다운스윙 때 손목코킹이 너무 일찍 풀려 임팩트가 되는 현상

컨트리클럽(Country Club) 골프 코스를 지칭하는 말

컵(Cup) 그린 위에 있는 홀

컷 샷(Cut Shot) 클럽헤드가 타깃라인의 왼쪽으로 나아가는 동안 클럽페이스가 약간 열린 상태로 공이 맞는 샷. 이것은 볼에 시계방향 회전을 일으키며, 그린에서 멈추는 작용을 위한 여분의 백스핀도 일으킴

코스 레코드(Course Record) 한 코스에서 공식적으로 인정된 최저 스코어 기록

코일(Coil) 상체가 하체보다 더 많이 돌아가게 되어서 잡아당기는 느낌이 들도록 하는 백스윙 동안의 몸의 꼬임

코킹(Cocking) 비거리를 내기 위해 백스윙을 할 때 왼손목을 꺾어주는 동작

크로스 오버(Cross Over) 클럽이 백스윙 탑에서 목표의 오른쪽을 가리키는 것

크로스 핸드 그립(Cross Hand Grip) 그립에서 왼손을 오른손 밑에 놓는 방법. 퍼팅에서 활용되는 그립 스타일

클럽페이스(Clubface) 클럽헤드에서 실제로 볼을 치는 타구면

클럽헤드(Clubhead) 클럽의 머리 부분으로 클럽의 타구면과 바닥면을 포함한 부분

클로즈드 그립(Closed Grip) 일명 스트롱 그립. 그립을 쥐었을 때 과장되게 시계방향으로 회전시켜 잡는 그립 방법

클로즈드 스탠스(Closed Stance) 타깃라인과 평형을 이루는 선으로부터 오른발을 뒤로 빼는 자세

클로즈드 클럽페이스(Closed Clubface) 어드레스 및 임팩트 때 클럽의 토우(앞쪽 끝)가 힐(뒤쪽 끝)을 이끌면서 클럽페이스가 타깃라인의 왼쪽을 향해 닫혀서 진행하는 것

타깃라인(Target Line) 볼의 뒤에서부터 볼을 통과하여 목표지점을 향해 그려진 가상의 직선

테이크백(Take Back) 백스윙을 하기 위해 클럽을 뒤로 빼는 동작

테이크어웨이(Take Away) 백스윙을 하기 위해 클럽헤드를 뒤쪽으로 천천히 움직이는 동작

텐 핑거 그립(Ten Finger Grip) 손가락 전부와 엄지손가락들을 클럽 위에 놓은 상태로, 양손이 서로 접해있지만 겹치거나 깍지를 끼지 않은 상태로 손을 클럽 위에 놓는 그립 방법. 베이스볼 그립과 동일

토우 샷(Toed Shot) 클럽의 앞쪽 끝에 가까운 중심으로 치는 모든 샷

토우(Tow) 클럽헤드의 끝부분

트러블 샷(Trouble Shot) 숲 속이나 러프 등 샷을 하기 어려운 위치에 공이 있을 때, 타구가 날아가는 방향에 장애물이 있을 때 등 곤란한 상황에서 하는 샷

티 샷(Tee Shot) 티잉 그라운드에서 공을 치는 것. 각 홀의 제1구에 해당

티 업(Tee Up) 각 홀의 제1타를 치기 위해 티에 공을 올려놓는 것

티 오프(Tee Off) 티에서 제1타를 치는 것

티(Tee) 각 홀의 제1타를 치는 장소 또는 제1타를 칠 때 얹어놓는 장치

티잉 그라운드(Teeing Ground) 각 홀의 공을 처음 치는 구역

파(Par) 티잉 그라운드를 출발하여 홀을 마치기까지 정해진 기준 타수

팔로스루(Follow Through) 공을 친 다음 나머지 부분의 스윙 동작

팻 샷(Fat Shot) 클럽헤드가 공을 치기 전에 땅을 치는 샷

퍼팅라인(Putting Line) 그린 위의 볼과 홀인을 위해 예상되는 홀 컵 사이의 선

펀치 샷(Punch Shot) 클럽의 그립 끝이 클럽헤드보다 훨씬 더 앞으로 나와 있는 상태로 쳐서 클럽의 로프트가 감소된 상태로 친 낮은 궤도의 샷

페어웨이(Fairway) 티와 그린 사이의 잔디가 잘 깎인 지역

페이드(Fade) 볼이 왼쪽에서 오른쪽으로 약간 구부려지면서 날아가는 샷. 드로우(Draw)의 반대

푸시 샷(Pushed Shot) 비교적 똑바로 진행하지만 타깃의 오른쪽으로 향하는 샷

푸시 슬라이스(Pushed Slice) 목표 지점의 오른쪽으로 가기 시작하여 그보다 더 오른쪽으로 구부러지는 샷

푸시 훅(Pushed Hook) 목표 지점의 오른쪽으로 시작하여 다시 왼쪽으로 구부러지는 샷

풀 샷(Pulled Shot) 비교적 똑바로 진행하지만 타깃의 왼쪽으로 향하는 샷

풀 슬라이스(Pulled Slice) 목표 지점의 왼쪽으로 가다가 다시 오른쪽으로 구부러지는 샷

풀 훅(Pulled Hook) 목표 지점의 왼쪽으로 시작하여 그것보다 더 왼쪽으로 구부러지는 샷

프라이드 에그(Fried Egg) 벙커에 빠진 공이 모래 속에 들어가 달걀프라이 같은 상태가 된 것

프론트 티(Front Tee) 티잉 그라운드에서 홀과 가장 가까운 거리에 있는 티

프리 샷 루틴(Pre-Shot Routine)   골퍼가 클럽을 선택하고 나서 스윙을 시작하기 전에 끝마치는 일련의 과정

프린지(Fringe)   그린 주변을 일컫는 말

플랫 스윙(Flat Swing)   수평면에 가까운 스윙, 업라이트 스윙의 반대

플레인(Plane)   스윙궤도가 그려지는 공간

플롭 샷(Flop Shot)   갑작스러운 백스윙으로 올라갔다가 천천히 가파르게 내려오면서 클럽헤드가 볼 밑으로 미끄러지는 느슨한 손목으로 치는 피치 샷

피니시(Finish)   스윙의 마지막 자세

피봇(Pivot)   고정된 축 주위의 몸 또는 몸의 부분의 움직임. 보통 백스윙톱 때의 척추 둘레로 움직이는 몸의 회전을 표현할 때 사용

피치 앤드 런(Pitch and Run)   공을 낮게 띄워서 착지한 후 평소보다 더 많이 굴러가도록 치는 어프로치 샷

핀(Pin)   홀에 꽂힌 깃대

핀치 샷(Pinch Shot)   그린 주위에서 공을 날카롭게 내려쳐·백스핀을 많이 주어 착지 후 런이 거의 없도록 치는 샷

하프 스윙(Half Swing)   클럽의 정상적인 거리의 50% 정도만 나가도록 하는 샷

핸드 퍼스트(Hand First)   그립을 쥔 양손이 볼보다 앞쪽으로 나가 있는 상태

헤드업(Head Up)   임팩트를 보지 못하고 미리 목표 방향으로 머리를 들어 올리는 현상

호젤(Hosel)   클럽헤드와 샤프트가 만나는 부분

홀 아웃(Hole Out)   한 홀의 플레이를 마치는 것

홀인원(Hole in One)   티잉 그라운드에서 1타로 볼이 홀에 들어가는 것

훅(Hook)   오른쪽에서 왼쪽으로 구부러지며 날아가는 샷

●스태프 소개

스즈키 세이지

메이지대학에서 골프를 전공하였으며, 졸업 후 많은 티칭 프로로부토 코칭 기술 및 최신 스윙 이론을 전수받았다. PGA 공인 인스트럭터이며 'K's Island Golf Academy' 등에서 활발한 레슨 활동을 하고 있다.

하토리 코스케

국제골프비즈니스 고등학교에서 골프 기초를 배우고, 호주로 건너가 선수 생활을 했다. 해외 유명 프로 선수들의 스윙에 대해 연구하였으며, 귀국 후 우에하라 케이타로부터 티칭 프로 기술을 전수받았다. 현재는 'K's Island Golf Academy' 의 인스트럭터로 활약하고 있다.

옮긴이 **신정현**
서강대학교 정치외교학과를 졸업하고 번역회사 (주)레모를 거쳐 현재 일본어 전문 번역가로 활동하고 있다.
옮긴 책으로는 「스노보드」 「실전 스키 레슨 70」 「알기 쉬운 가정 한방 이야기」 외 다수가 있다.

촬영	Aida Katsumi
본문디자인	Phrase
구성, 글	Mishiro Takashi
편집	Takahashi Yoko(주부의 벗사)

처음 배우는 골프

초판 1쇄 발행 2011년 2월 17일
초판 44쇄 발행 2024년 12월 3일

지은이 우에무라 케이타
옮긴이 신정현
감수자 김해천
펴낸이 김영조
편집 김시연, 조연곤 | **디자인** 정지연 | **마케팅** 김민수, 조애리 | **제작** 김경묵 | **경영지원** 정은진
본문디자인 김영심 | **표지디자인** ALL design group | **일러스트** 김혜원
펴낸곳 싸이프레스 | **주소** 서울시 마포구 양화로7길 44, 3층
전화 (02)335-0385 | **팩스** (02)335-0397
이메일 cypressbook1@naver.com | **홈페이지** www.cypressbook.co.kr
블로그 blog.naver.com/cypressbook1 | **포스트** post.naver.com/cypressbook1
인스타그램 싸이프레스 @cypress_book | 싸이클 @cycle_book
출판등록 2009년 11월 3일 제2010-000105호

ISBN 978-89-963757-5-3 13690

• 이 책은 저작권법에 따라 보호를 받는 저작물이므로 무단 전재 및 무단 복제를 금합니다.
• 책값은 뒤표지에 있습니다.
• 파본은 구입하신 곳에서 교환해 드립니다.
• 싸이프레스는 여러분의 소중한 원고를 기다립니다.